JN099875

BUSINESS PORTFOLIO

事業 ポートフォリオ マネジメント 入門

資本コスト経営の理論と実践

東京都立大学大学院教授
㈱クレジット・プライシング・コーポレーション
プリンシパルコンサルタント

松田千恵子　神崎清志　著

中央経済社

は じ め に

　コーポレートガバナンス・コードが導入されて数年が経つが，この間企業に最も大きな影響を与えた要素の1つが，「資本コストを踏まえた事業ポートフォリオマネジメント」への要請ではないだろうか。

　2018年の改訂では，その方針を説明する金融庁の資料において「日本企業においては，事業ポートフォリオの見直しが必ずしも十分に行われていないとの指摘があるが，その背景として，経営陣の資本コストに対する意識が未だ不十分であることが指摘されている」とさえ書かれてしまっている。さらに2021年の再改訂では，「経営戦略等の策定・公表に当たっては，取締役会において決定された事業ポートフォリオに関する基本的な方針や事業ポートフォリオの見直しの状況について分かりやすく示すべきである」という新たな要請も加わった。

　言うのは簡単。しかし，企業の中で「資本コストを踏まえた事業ポートフォリオマネジメント」を展開しようとするとこれは至難の業である。何といっても長年培った「PL脳」がこうした取組みを阻む。そもそも事業別のバランスシートがなければ，資本コストも事業価値もわからない。制度会計はきっちり頑張るが，管理会計はからっきし弱い。

　そして何といっても大変なのは，一見したところ地道に作業していけば何とかなるように見えるこの分野は，実は「そうではない」ということだ。経営戦略やファイナンスの考え方を理解した上で，大胆な意思決定をしなければ先に進まない。加えて大変なのは，「資本コストを踏まえた事業ポートフォリオマネジメント」というのは，実は「経営資源の奪い合い」という極めてポリティカルなプロセスであるということだ。草食系のアプローチで粛々と進めていけば解が出るものではなく，かなり肉食系の仕事なのである。

　とはいえ，準備もしないでいきなりこの分野に飛び込むのは無謀というものだ。全体像を把握して，基本的な知識を備え，定性的・定量的な将来予測の手法を身につけていただきたい。この本はそのために作られた。ぜひ「武器」として活用いただければと思う。皆さんの会社のマネジメントを一段とバージョンアップするために，そして日本企業の本社改革を少しでも進めるために，本書が役立てば幸いである。

　本書の執筆にあたっては，そのきっかけとなるセミナーを開催いただいた一般財団法人産業経理協会の小野均様をはじめとして，多くの方々にお世話になった。株式会社中央経済社の土生健人様には，遅れがちな原稿を辛抱強く待っていただき，大変丁寧なサポートをしていただいた。心より御礼申し上げたい。

2021年12月

松田千恵子・神崎清志

目　次

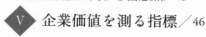

第3章　経営管理の高度化が求められている

55

83

第4章 **事業の将来をきちんと語るために**

第5章 事業ポートフォリオマネジメントを
進めるために ——————— 113

〔図表目次〕

なぜ今，事業ポートフォリオ マネジメントなのか

 今，何が起こっているのか

■事業会社の視点，投資家の視点

まずは**図 1 - 1**をご覧いただきたい。

企業が重視する要素に投資家はさして関心を払わず，投資家が求める情報は企業から提供されていない様子が如実にわかる。企業の側が見ているのは圧倒的に「損益計算書＝PL（Profit & Loss Statement）」の内容である。昨今では「PL脳」などとも揶揄されたりするが，別にここに重点を置くのは悪いことではない。事業を行って得られる最大のキャッシュイン，入ってくるおカネは古今東西を問わずいつでも「売上」だからだ。

事業を行うには「元手」もまた必要である。しかし，大企業になればなるほどそのことは忘れ去られ，元手となるおカネはあたかも「天から降ってくるもの，地から湧いてくるもの」のように扱われている。

一方，投資家の視点は全く異なる。財務諸表でいえば，株主資本や有利子負債といった「貸借対照表＝BS（Balance Sheet）」の右側を始点として，これらをどのようにBSの左側，すなわち「投資」に振り向け，どのようなリスクを取り，どのくらい効率よくリターンを挙げられるのかが投資家の最大関心事である。売上や利益も重要ではあるものの，これらはリターンを考える上での

図1-1 企業が重要視する指標，投資家が重要視する指標（非財務指標除く）

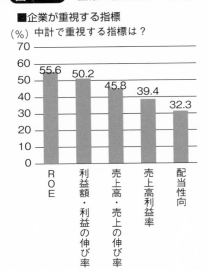

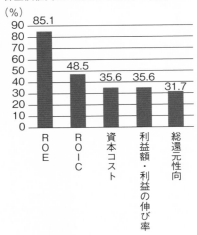

（出所：一般社団法人　生命保険協会（2021））

"原材料"にすぎない。こんなことを言うと事業のフロントで活躍している方々に怒られそうだが，事業会社の側も自分たちの事業への投資の元手はどこからともなく湧いてくる"原材料"程度の扱いだったのだからどっちもどっちである。

　問題は，このままではどうにもたちゆかなくなってきたところにある。投資家の側は，ESG（Environment, Social, Governance；環境，社会，ガバナンス）などの要素も踏まえつつ，企業がどのように儲けるのか，事業の将来像をしっかりと把握しなければならなくなってきた。そういう意味では，投資家には経営戦略をしっかり身につけてもらう必要がある。逆に事業会社の側は，単に売上規模を追うだけではなく，元手に対してどのくらい効率よく儲けたか，という資本効率の視点を持つ必要が出てきた。投資家にうるさく言われるまでもなく，もともと自分でちゃんと考えなければならなかったのである。「ROEについては意識している」という声もあろう。**図1-1**からもそのことは見てとれ

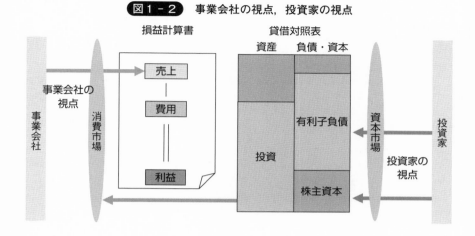

図1-2　事業会社の視点，投資家の視点

る。しかし，投資家の要求度合と企業の意識は大きく異なる。85.1％もの投資家がROEを重視している一方，それを気にしている企業はわずか55.6％でしかない。事業をやるにしても，100万円の元手を投資して30万円儲かる場合と，3万円しか儲からない場合があったら，どちらがより好ましいだろうか。当然前者であり，同じ事業をやっているのに後者の結果しか得られなかったら，何が悪いのか，どこを改善すればよいのか，必死になるだろう。現在企業に求められているのはそういうことである。

■これから何をすればよいのか

　様々な法制等もこうした変化を後押ししている。その中でも皆さんの頭を悩ませているのは，おそらくコーポレートガバナンス・コードだろう。2015年の導入時には「資本効率性も見るべき」という内容にさらっと触れているだけだったが，2018年，2021年の改訂を経てこの点に関する言及は大いに増えた（**表1-1**）。これらを補完する実務指針なども数多く公表された（**図1-3**）。一連の公表資料を併せて読むと，企業に求められている内容がよくわかる。

表1-1 コーポレートガバナンス・コード　原則5-2，補充原則5-2①

【原則5-2. 経営戦略や経営計画の策定・公表】（下線部は2018・2021年改訂により追加）
■経営戦略や経営計画の策定・公表に当たっては，<u>自社の資本コストを的確に把握した上で</u>，収益計画や資本政策の基本的な方針を示すとともに，収益力・資本効率等に関する目標を提示し，その実現のために，<u>事業ポートフォリオの見直しや，設備投資・研究開発投資・人的資本への投資等を含む経営資源の配分等に関し具体的に何を実行するのかについて</u>，株主に分かりやすい言葉・論理で明確に説明を行うべきである。
補充原則（2021年再改訂により新設）
■5-2①上場会社は，経営戦略等の策定・公表に当たっては，取締役会において決定された事業ポートフォリオに関する基本的な方針や事業ポートフォリオの見直しの状況について分かりやすく示すべきである。

　これまで，売上至上主義を貫き，PL脳を発揮してオペレーショナル・エクセレンスを追求してきた企業にとっては，コペルニクス的転回である。別に売上を追ったり，オペレーショナル・エクセレンスを発揮したりするのが悪いわけではない。今求められているのは「そこではない」というだけである。

　企業が今求められているのは，環境変化に対応した「中長期的な企業価値の向上」であり，資本市場の期待の結晶である「資本コスト」を事業ごとに踏まえた上で，「資本効率」の良さを実現しつつ成長を遂げることにある。また，それができる事業に優先的に経営資源を配分し，あるいは事業の取捨選択を行うという「マネジメントならではのダイナミックな意思決定」をすることが期待されている。これが，事業ポートフォリオマネジメントである。

■意思決定のための情報はあるか

　こうしたことを行うためには，意思決定のための情報が必要だ。経営者としても，サイコロを振って事業の行く末を決めるわけにはいかない。将来は不確実で正しい情報はないということも，「正しさ」好きの日本人は肝に銘じておかなければならないが，だからといって過去の分析も将来の予測もせず，いわば「データ」も「ファクト」も「ロジック」もなしに将来の道筋を決めるのは

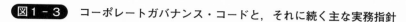

図1-3　コーポレートガバナンス・コードと，それに続く主な実務指針

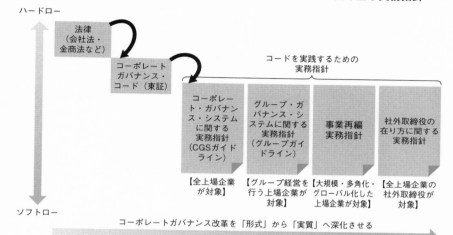

（出所：経済産業省 事業再編研究会（2020）より筆者修正）

無謀である。

　では，どのようなものがあればよいのか。本書で縷々説明していく内容，すなわち「長期的な企業価値の向上を目指し，資本コストを踏まえた事業ポートフォリオの見直し」をどのようなデータやファクト，ロジックを用いて行っていくのか，という全貌を先に示してしまおう。例えば図1-4に示すようなデータを，あなたの会社では装備できているだろうか。

　事業別の売上はわかるだろう。利益もたぶん問題ない。だが，事業別にこれまで投下してきた資本の大きさはわかるだろうか。簡単にいえば，事業別のバランスシートはあるだろうか。それがなければ，投下した資本に対するリターン，すなわち先ほど求められていた「資本効率」はわからない。

　「資産側だけは事業ごとに分けてある」という企業もあるだろう。資本効率は何とか出せそうだ。だが，事業のリスクは事業の特性によって異なる。そして，その事業リスクに見合った財務構成が必要になる。事業ごとに負債と資本の配賦は異なってくるということだ。その配賦に応じて，負債と資本にかかる

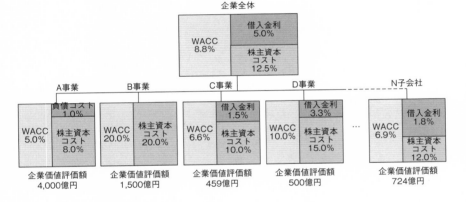

図1-4 事業別の経営管理情報

	売上	費用	利益 (A)	投下 資本 (B)	資本効率 (A)/(B) =(C)	資本 コスト (D)	資本 コスト額 (B)×(D) =(E)	資本コスト 差引後利益率 (C)-(D)	資本コスト 差引後利益額 (A)-(E)
事業A	1,000	800	200	4,000	5.0%	5.0%	200	ゼロ	ゼロ
事業B	500	200	300	2,000	15.0%	20.0%	400	▲5.0%	▲100
事業C	300	100	200	300	66.0%	6.6%	20	60.0%	180
事業D	100	50	50	200	25.0%	10.0%	20	15.0%	30

（＊）数値はダミー

コスト，すなわち「資本コスト」も変わってくる。バランスシートの資産側（左側）だけではなく，負債・資本側（右側）も作らなければ，資本コストを踏まえたマネジメントはできない。また，資本コストがわからなければ，事業価値もわからない。将来キャッシュフローの割引率として資本コストを使いたいのにそれができないからだ。

　企業の究極の目的が「企業価値向上」であるとすれば，個々の事業の目標は「事業価値の向上」であるはずなのに，肝心の事業価値がわからなければ，その事業にどの程度経営資源配分を行ったらよいのかもわからない。事業価値を毀損し続けているお荷物事業に，莫大な経営資源配分をしてしまっているかもしれない。これからの企業をしょって立つ成長が見込める事業が，ヒトもなければカネもなくて嘆いているかもしれない。M&Aによって入替えを図ったほ

うがよい事業があったとしても，その事業がいくらで売れるのかわからない。これではマネジメントのしようがない。

　逆にいえば，こうしたことをきちんとやることが，「中長期的な企業価値の向上を目指し，事業ポートフォリオ戦略の実施など資本コストを踏まえた経営」を行うということになる。そのためにデータインフラは必須だ。しかし，これを作るのに何年もかかっていたら，そのうち企業自体が傾いてしまうかもしれない。そうであれば，さっさと作ってしまおう——これが本書の趣旨である。

　本書は2部構成になっている。まずは「基礎編」（**第1章～第5章**）において，何がどのように変わったのかという「来し方行く末」をもう少ししっかり理解した上で，これからどうすればよいのかという具体的な「骨太の方針」を考える。そして，それが机上の空論にならぬよう，「実務編」（**第6章**）においては「確実な実行」のための説明を満載した。具体的な仕組みや仕掛け作りに役立てていただきたい。

　これら「来し方行く末」「骨太の方針」「確実な実行」が本書の横糸だとすれば，全体を貫く視点という意味での縦糸は，おそらく以下の3点となろう。

- ▶「過去」ではなく「将来」を見る
- ▶「PL」ではなく「BS」を見る
  （売上・費用・利益ではなく，投資・リスク・リターンを見る）
- ▶「オペレーション」ではなく「マネジメント」の視点で見る

　この3つは，この後も頻繁に顔を出すので，ちょっと記憶にとどめておいてほしい。

　さて，まずは簡単に「来し方行く末」を整理することから始めよう。

「経営」に直面しなくても済んでいた時代

■昭和の時代は気楽だった？

　「経営」の難しさとは何だろうか。もちろん色々あるだろう。その1つとしてこんなことが考えられる。「事業」という"やりたいこと"だけやっていられれば楽しいのだが，それを満喫するためには，「財務」という"先立つもの"が必要になる。また，やってくれる「人材」も大事である。しかし，これらにはすべて市場というものが付随している。事業であれば「消費市場」，財務であれば「資本市場」，人材であれば「人材市場」である。それぞれの市場にそれぞれの論理があるので，この3つはそう簡単には合一しない。それを何とか合一させて，「あちら立てればこちら立たず」の難しい局面を乗り切るための高度な意思決定をする──これが経営の難しいところなのではないだろうか。

　昭和の時代の経営者は，もしかするとこうした難しさに直面せずに済んでいたかもしれない。「財務」においては，厄介な資本市場の「物言う株主」に直面しなくても，銀行が全部財務の面倒を見てくれていた。いわゆるメインバンクシステムである。融資だけではなく株式まで持ってくれ，しかも「物言わぬ株主」でいてくれる。半期に一度ほど決算報告を見せ，その数字が安定しているならば鷹揚に資金を出してくれる。これほどありがたい存在はない。事業において最も困難な問題の1つは「先立つもの＝カネがない」ということである。その困難を取り除いてくれるのなら，いくらでも投資ができるというものだ。かくして，日本企業は積極的に事業投資を行った。折しも経済成長期である。投資先には事欠かない。新規事業も次々と行い，企業は多角化を進め，バランスシートは膨れ上がるが，銀行は資産を担保に取っているので，返済原資を確保できている限りはうるさいことは言わない。外部からうるさいことを言われなければ，内部での管理を厳しくする必要もない。かくして事業部門は「投資の資金は天から降ってくるもの，地から湧いてくるもの」という意識を強めるが，

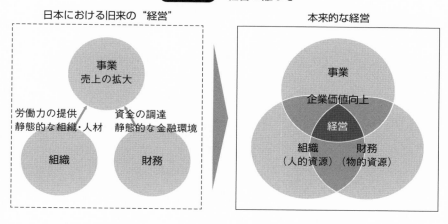

図1−5　経営の難しさ

別にそれで問題はなかったのだ。メインバンクシステムが盤石である限りは。

■終身雇用・年功序列・協調型組合

　「人材」も同様である。ヒトの問題に関して，何といっても難しいのは「良質な人材を確保して，なるべく長くいてもらう」ことである。長くいてくれなければ学習効果も働かないし，組織知の継承もスムーズにはいかない。終身雇用制度はこの問題を一掃した。新卒日本人男性を大量採用し，定年まで囲い込むことで均質な労働力を確保することができ，しかも辞令1本で全世界の津々浦々にまで飛ばすことができた。もちろん，これは「男性が働き，女性は家を守る」という昭和の時代のイエ制度とセットである。

　成功裡に人材を囲い込むと次に来る問題は，「評価」である。どんな評価をしても誰かは苦情を言う。この問題は「年功序列」が解決してくれた。これほどデジタルで，ある意味平等なものがあるだろうか。誰しも人より早く年は取れない。若手が不満を持ったとしても，終身雇用下であれば「そのうち自分もいい思いができるはず」という期待を持つことができる。報酬制度を成果と連動させようがさせまいが，どうせずっといるのであれば大きな問題ではない。加えて，仮に不満を持って徒党を組んでみたところで，会社側とべったり仲の

良い「協調型組合」であれば経営者にとってさしたる脅威ではない。

　この3つ，「終身雇用」「年功序列」「協調型組合」は，日本型経営の3つの特徴であるとよく言われる。人材面は，いわばこの「日本型経営システム」によって安定を享受していたといえるだろう。

■難しさに直面せずに済んだ経営者

　こうして，経営の3要素のうち2つまでの「難しさ」を取り除いてしまえば，あと残るのは"やりたいこと"＝事業だけである。もともとこれがやりたかったのだから，こんな幸せなことはない。せっせと頑張って高度成長まで実現してしまった。昭和の経営者は，財務についてはメインバンクシステムに，人材については日本型経営システムに支えられ，事業に専念できる非常に幸せな時代を過ごしていたといえるのかもしれない。あえて暴論をいえば，そもそも「経営者」である必要もなかった。3つの要素の相克に悩み難しい意思決定をしなければならないのが経営の難しさであり，それをこなすのが本来の「マネジメント」であるとすれば，嬉々として事業に専心しているのは「オペレーションのボス」にすぎない。もちろん，この彼ら彼女らは重要な存在である。こうした人々が，日本企業が誇るモノ作りのオペレーショナル・エクセレンスを支えてきたのだから。事業で名を揚げ，出世した人がそのまま「経営者」という役職につくことも，昭和の時代では当たり前だった。

　だが，よく考えてみれば，オペレーショナル・エクセレンスを追求することと，マネジメント・プロフェッショナルとして役割を果たすことは全く別の機能である。その点はいともたやすく見過ごされ，多くの企業において，事業部門のトップがマネジメント・トレーニングも受けないまま「経営者」となり，さらに自分の後継者を自分で指名した。事業部門の力は強大になる一方，経営管理を担う本社部門は弱体であった。やや露悪的にいえば，銀行に持っていく決算書を作り，人事のローテーションを行って給与計算をやっていればそれでよかったのである。「事業部門に口など出せない」「事業部門が言うことを聞かない」といった本社の方々のお嘆きは未だによく聞くが，その背景はこうした

ところにあろう。

 # 株主ガバナンスの台頭と資本効率性の重視

■もはや銀行には頼れない

　昔話がすぎたので，そろそろ現在に向けて歩を早めよう。素敵に安定していた昭和時代のシステムは，しかし永遠には続かない。何といってもこのシステムは国内専用である。企業が事業を拡大し続ければそのうち海外に打って出る。いつまでもメインバンクに縛られてはいたくない。高度成長が続けば外国人の投資家もそこでひと儲けしたくなる。メインバンクシステムやそれに支えられた経営は邪魔，参入障壁でしかない。銀行自身も企業のリスクを取りすぎて制度疲労が目につき，1990年代末には銀行の倒産や合従連衡が相次いだ。それと軌を一にして，外圧にも支えられた規制緩和が行われ，資本市場の自由度が大幅に増すことになった。今に続く「貯蓄から投資へ」の時代の始まりである。メインバンク（債権者）ガバナンスから，エクイティ（株主）ガバナンスへの変わり目と言ってもよいだろう。

■債権者と株主はここが違う

　この2つの「ガバナンス」は何が違うのだろうか。実は結構違うのだ。資金の種類に起因する違いである。株主は，自らの資金を企業の将来に向けた成長に賭ける，ハイリスク・ハイリターン志向の投資家だ。リターンは将来の企業業績に依拠する。業績好調であればアップサイドも狙える。勢い，企業の将来戦略，特に「どこまで成長できるか」に関心は集中する。成長とは，要はリスクを取って投資を行い，その賭けに勝ってリターンを実現できることである。したがって，株主によるガバナンスは，そうした「賭けに勝つ能力」，もう少し穏やかにいえば「将来の企業業績を上げられるような経営能力」を持った経営者がきちんと選ばれ，その先行きを株主に公明正大に知らしめてくれるかど

うかという点がカギとなる。

　債権者はそうではない。債権者は，不確かな将来の業績などに資金を投じたくない，ローリスク・ローリターン志向の投資家である。将来の不確実さを少しでも減らすために，債権者は契約を結び，将来のリターンをそこで決めてしまう。元本は確定日に返済され，契約で定められた金利が支払われる。そこにアップサイドはない。一方，ダウンサイドはそのまま「契約不履行」を意味するので重大だ。債権者はこのダウンサイドリスクを「信用リスク」と呼び，その懸念が増大することを最も嫌がる。ゆえに，債権者のガバナンスは，企業が契約をしっかり遵守できるのかという点に集中する。それができるのであれば，「成長」のために危ない橋を渡るなどということは正直やってほしくない。それよりも着実に，安定的に返済原資を生み出しているほうがはるかにありがたい。下手に博打に手を出すようなリスク愛好家の経営者がいるよりも，企業として契約遵守のために安定を尊ぶことが良しとされる。

表1-2　株主資本と有利子負債－資金の性質の主な違い

	有利子負債	株主資本
資金の出し手	債権者	株　主
存在の根拠	契約による	法律による
請求権	優　先	劣　後
議決権	な　し	あ　り
資金の性質	確定日に返済義務あり	返済義務なし
リスクの所在	信用リスク 収益 時間	株価リスク 収益 時間
リスク選好度	低　い	高　い
リターンへの期待	金　利	キャピタルゲインおよびインカムゲイン
リターンの実現	契約による	企業業績による

■ 「成長」のためのガバナンス，「安定」のためのガバナンス

　こうして見ると，株主と債権者との利害は往々にして対立することがわかる。企業への対応も，全く正反対のことを求めることはよくある。例えば，無借金会社で現預金や有価証券，不動産などを多く抱えている企業は，信用リスクとしてはとても低く，保有資産は担保に取れるので債権者としては大歓迎である。一方，株主としてはなるべく自らの資金を有効活用してほしいので，できればレバレッジもかけてほしいし，その資金を投じる先が，株主自身でも投資ができるような金融商品であることには耐えられない。事業会社にしかできない事業への投資とそれに伴うリターンを期待しているのに，何が悲しくてプロの投資家のほうが運用上手に決まっている現預金，有価証券，不動産などに投資するカネなどを渡しておかなければならないのか。経営者の能力といったリスクは取らざるを得ないし，リターンには法人税までかかるデメリットを受容してまで，そんな投資を許容する必要は全くない。

　多角化や子会社上場，政策保有株式についても先鋭的な利害の対立が見られる。債権者は多角化に好意的だ。ある事業が不冴えでも，別の事業がそれをカバーしてくれる可能性があるので，返済原資に関するリスク分散ができるからだ。子会社上場も，それによって親会社には多額の資金が転がり込むし，親会社が持つ子会社の株式には市場価値が生まれてますます担保に取りやすくなる。上場子会社との取引展開も可能だ。株式も持ち合えば，なおのこと安定化が図れる。良いことづくめである。一方で，株主は多角化を嫌う。リスク分散は自らの手で，株式市場で投資ポートフォリオを組むことで実現したいのに，事業会社にそれを行われて，しかもその事業ポートフォリオには手が出せないというのでは非常に困る。子会社上場や政策保有株式などは，明らかに多数株主と一般株主との間での利益相反を生むので全くもって好ましくない。したがって，多角化を行ったり，子会社上場や持合株式などがあったりする場合には，相当厳しく説明を求めることになる。これが，本書で取り扱う「事業ポートフォリオマネジメント」を企業側で充実させなければならない所以である。

表1-3 経営課題に対する株主と債権者との反応の主な違い

経営課題	債権者 (メインバンクガバナンス)	株主 (エクイティガバナンス)
経営戦略をどう立て,どのように語るか	契約遵守,返済原資が明確になるように精緻に,網羅的に語る → 過去の実績が大事 → 中期経営計画	将来成長が明確になるように,焦点を当てて優先順位を明確にする → 将来の予測が大事 → エクイティストーリー
ステイクホルダーへの還元をどのようにするか	元本と金利返済は契約で決定済み → 安定して返済原資を確保せよ → 安定配当,リスク回避	株価上昇も配当も企業業績次第 → 成長せよ,もしくは還元せよ → 成長するならリスクテイクも必要
事業の多角化をどのように捉えるか	リスクの違う事業を多く持てば返済原資のリスク分散につながる → 多角化には好意的	自分の投資ポートフォリオは市場で自分が作りたい → 多角化には否定的
上場子会社の存在をどう考えるか	子会社上場でキャッシュが入り親会社の返済原資が潤沢となる → 子会社上場を推進	子会社の「少数株主」の利害は親会社(支配株主)と対立する懸念 → 子会社上場に否定的
政策保有株式(持合い)をどう考えるか	経営の安定性や取引強化に資する → 持合いに対して肯定的	「少数株主」の利害に反する → 持合いに対して否定的
無借金会社をどう考えるか	信用リスクが極めて低い優良会社 → 自行の他に借金がないのは理想	財務を上手く行えていない非効率な会社 → レバレッジ効果を使えていないことに疑問
現預金,有価証券,不動産等の遊休資産保有をどう考えるか	信用リスク補完として担保に取れる → 返済原資が確保できるので好意的	投資してほしいのは「事業」のみ → 資金の機会損失となり否定的
経営者をどのように選び,遇するか	安定的な承継システムで自立すべし → 指名や報酬は機密事項 → コンプライアンスが重要	成長できなければ次を探すべし → 指名や報酬こそ根幹 → ガバナンスが重要

■なぜ将来像を描く必要があるのか

企業の将来像についても,株主と債権者では関心の違いが大きい。これについては圧倒的に株主のほうが関心は高い。自らの資金に対するリターンがそれ

によって決まるのだから当然である。何が成長の源泉なのか，その成長に対していかに経営資源を集中できるのか，成長の実現のためにどのくらいの投資が必要で，どのくらいのリスクを取り，そして将来どのくらいのリターンが生まれるのかが知りたい。企業の行っていることを網羅的に語ってもらう必要はなく，「成長ストーリー」として納得できる事業戦略，企業戦略が聞きたいのだ。

　ゆえに，日本企業において将来に関する情報開示の定番となっている「中期経営計画（中計）」は評判が悪い。もともとこれは企業の内部における管理を目的としたものである。「計画」は「戦略」の下位概念であり，誰がいつまでに具体的に何をやるのかを事細かに定めたものである。

　実は，これは債権者にとっては都合がよい。どの事業からどのくらいの返済原資が見込めるのか，どの事業にどのくらい投資が予定されているから必要資金の融資はどれくらい必要か，などがわかりやすいからである。債権者としては，別に中期経営計画が素晴らしいから返済が確保されるわけではないので，将来もきちんと安定的に事業が行われ，キャッシュフローが滞らなければそれでよい。だが，株主にとっては，やたらと細かくて総花的，どこに優先順位があるのかもわからない中計などで「成長」を判断しろと言われても困る。将来像の出来不出来はそのまま自分のリターンに直結する。それゆえ，コーポレートガバナンス・コードでも，「会社の目指すところ」，すなわち将来像を策定し，情報開示し，株主と建設的な対話を行うべしということが，しつこいほど繰り返されている。

　しかし，これまで日本企業は，こうした形での将来像の提示を求められてはこなかった。したがって，将来に向けた成長戦略を第三者の評価に耐えうる形で作るという組織能力は残念ながらとても弱い。メインバンクガバナンスの時代には，それは求められてこなかったのだから当然である。代わりに求められていたのは，返済原資の確実さ，契約遵守の証となる「過去の数字」であった。過去の数字が良好ということは，そのまま安定軌道を進みさえすれば，無事に資金は返済されるということだ。勢い，「過去の数字」を美しく作る能力は発達した。どこの企業でも「経理部門」が数字関連部門の代表であるのはそうした

理由による。しかも，その仕事はほぼ「制度会計」，つまり会計のルールに則って，外部に公表する数字を作ることに費やされてきた。本書で扱う「マネジメントを行うための会計＝管理会計」は企業のアキレス腱として取り残された。現在，日本企業の経営管理の弱さが露呈しているのは，これまでの経営管理が「過去の数字中心」かつ「制度会計中心」であったことも大きな一因である。

　長らく，企業の側は債権者的なガバナンスに慣れ，場合によってはそれが「善」であるとさえ考えてきた。本来は，どちらが良い悪いではなく，債権者と株主との違いをよくわきまえた上で使い分けるのが財務戦略であり，企業の所有者である株主のガバナンスに服するのが株式会社の経営者であるはずなのだが，あまりに成功した旧来の日本型経営では，こうしたことは忘れられがちだった。そして，まだ経営者の頭の中が切り替わらないうちに，一足先に日本では金融の側で改革が起こり，債権者ガバナンスから株主ガバナンスへの移行が始まった。ついていけない経営者が出るのも道理である。だが，それにしてもいい加減四半世紀も経っている。そろそろ頭の中を入れ替えてもよい頃ではないか——コーポレートガバナンス・コードはそうした一撃を経営者に与えるものとなったといえよう。

 ## Ⅳ　コーポレートガバナンス・コード改訂の衝撃

■来たれ，外国人投資家

　コーポレートガバナンス・コードは，直接的にはリーマン・ショックにおける反省から，スチュワードシップ・コードとセットで2010年に英国で導入された。日本はいわばその真似をしたわけだが，そこにはいかにも日本らしい理由が存在する。経済成長ははるか昔，今や「成熟」というより衰退しそうな状況を危ぶんで，改めて「成長」を実現するための狙いがあったということだ。その1つは「海外投資家の呼込み」である。

　株主ガバナンスへと舵を切った日本の資本市場と企業経営ではあるが，すぐ

に頭が切り替わったわけではない。2000年初めには，これまで銀行が支えてきた重いバランスシートが，「過剰負債」問題としてやり玉に挙がり，企業は財務リストラに追われ，それができない企業は淘汰の波に洗われた。銀行に代わってまず登場したのは，企業がハイエナとして忌み嫌うタイプの短期志向の投資家であった。こうした投資家の"活躍"がメディアを賑わせれば賑わせるほど，「株主は悪者だ」という印象が強まり，遂には裁判所が株主を「濫用的買収者」呼ばわりするといった事例まで現れた。

　外国人投資家にすれば，単に株主の権利を主張しただけなのに，ののしられた上に裁判で負けるとは——「こんなエクイティガバナンスの効かない国では怖くて投資などできない」と，こぞって引き揚げてしまう。折しもリーマン・ショックが襲って，投資家にはなおさら余裕がなくなり，日本など見向きもされなくなった。「これでは成長できない」ということで，投資家にとって魅力的な施策を打ち出すことが必要になってきた。その1つが「今やきちんとコーポレートガバナンスを働かせていますよ」というメッセージであり，実際に政府が旗を振ってルールを作るという動きだったのである。

■企業の内部留保を吐き出させる

　もう1つの狙いは，「企業の内部留保を投資に振り向ける」である。経済成長著しい頃には活発だった企業による投資も，成熟とともに減少し，不景気とともにさらに減少した。政府はあの手この手で投資を促進しようとするが，景気が悪くて先行きも不透明なのに投資を増やす企業はいない。北風に吹かれた旅人のように，しっかりコートの襟を立て，びた一文たりと外部に流出させまいと資金をため込んだ。企業セクターはいつしか「資金余剰主体」となり，内部に巨額の資金をため込んでいると言われるようになった。

　政府としては何とかこれを吐き出させ，経済成長につなげなければならない。当初は内部留保課税などという話も出てきたが，さすがにそれは筋悪であろうということになり，資本主義世界の原理原則に従えば経営者を規律づける第一人者である「株主」に頑張ってもらうことになった。それゆえ，株主がコーポ

レートガバナンスを働かせやすいような環境整備が行われたのである。

その結果，日本企業が内部留保を吐き出したかどうかは別として，コーポレートガバナンス・コード自体は日本企業の経営に大きな影響を与えることとなった。同コードをよく読んでみると，株主のガバナンスについて規定しているというよりも，企業のマネジメントを改革せよと要求している印象が強い。それもそのはず，長年のメインバンクガバナンスに慣れ，債権者的な思考を「善」と思い込んでいた経営者に対し，エクイティガバナンスの洗礼を与え，株主的な思考に基づいた企業経営のあり方を突き付けているからである。当然ハレーションも大きかったが，これもすでに導入されて6年，2021年には2度目の改訂が行われた。内容を見ると，より一層企業のマネジメント改革に切り込んでいる印象を受ける。そして，その中の大きな目玉の1つが，本書のメインテーマである「資本コストと事業ポートフォリオマネジメント」の充実なのである。具体策についても，実務指針などで様々なフォローがなされてきた。2022年4月には，東京証券取引所の市場改革も行われ，プライム市場上場企業には「一段高度なガバナンス」が求められる。事業ポートフォリオについても，より一層踏み込んだ対話が，投資家との間に求められる。

企業側としては，いよいよ対応せざるを得なくなってきたともいえる。だが，果たして対応できるのだろうか。

　追いつかない社内体制の整備と意識改革

■先進企業を中心に変化は見られるが……

期待を込めて楽観的にいえば「できる」かもしれない。2015年のコーポレートガバナンス・コード導入時点から比べれば，結構色々な変化が見られる。資本コストを理解するために，財務研修を行う企業も増えた。政策保有株式や親子上場の弊害が指摘され，それらを解消する動きも不可逆的なものとなってきている（図1-6，図1-7参照）。

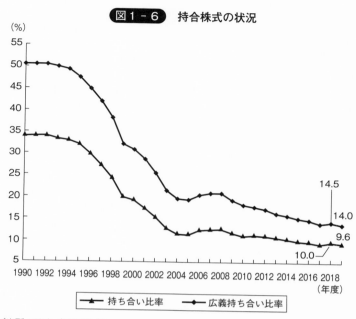

図1-6 持合株式の状況

（出所：西山（2020b））

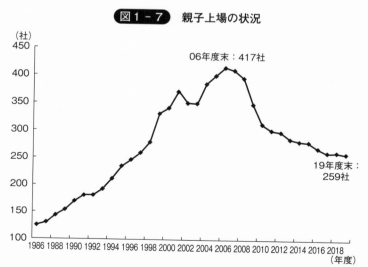

図1-7 親子上場の状況

（出所：西山（2020a））

　コーポレートガバナンスへの理解もだいぶ進んだといえよう。特に一部の先進企業の中には，グローバルに見ても引けを取らないレベルに達しているところもある。そうした企業を評価するような動きも活発になってきた。最近はまた，ESG投資の流れが強まり，それを受けた企業側の取組みも強化されてきている。こうした先進企業と，なぜ上場しているのかわからないようなゾンビ企業を峻別するべく，当初よりは大幅にトーンダウンしたものの，株式市場の改革も行われる。

　投資ファンドなどへの対応もだいぶこなれてきた。現在は第三次投資ファンドブームと呼ばれるが，黒船来襲のように騒がれたバブル時代の第一次投資ファンドブーム，ハイエナファンドとして悪者扱いが定着した2000年代の第二次投資ファンドブームの時と比べれば，企業の対応は雲泥の差である。株主や投資家の主張も受け入れられるようになってきた。事業会社自身も経営戦略の一環としてM&Aやアライアンスといった手法を積極的に使うようになり，中には事業会社どうしの敵対的TOBが成立するといった事例も見られるようになった。

■全体としては変化のスピードは遅い

　一方，それらを手放しで喜ぶ気にもなれない。何といっても，全体としては「歩みが遅すぎる」。2015年にコーポレートガバナンス改革が行われた際には，外国人投資家の間にも，確かに日本への投資期待が高まった。しかし，しばらくしても抜本的な変化は起こらず，気の短い投資家たちは落胆している。企業側も，とにかくコーポレートガバナンス・コードを「フルコンプライ（全面遵守）」するための作業に明け暮れ，事の本質を見誤ったままの企業がまだ圧倒的に多い。ガバナンス改革の目玉ともいえる社外取締役の導入も，未だ「たったの2人」以下しかいない企業が全体の59％を占める状況である（図1-8）。

　ただ，こうした数字は直接目にも触れやすく，株主や投資家も企業に対して改善圧力をかけやすい。より大きな問題は，環境変化に社内の体制が追いついていない点だ。外部から見ると，なぜこのような立派な企業がこんなことをで

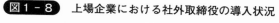

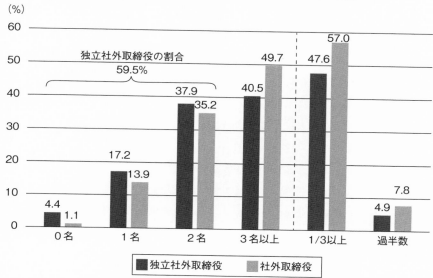

図1-8　上場企業における社外取締役の導入状況

(出所：東京証券取引所（2020））

きないのだろう，と不思議に思えるようなことがなかなかできない。外部環境はとっくの昔にエクイティガバナンスの時代へと変わり，経営者も頭ではそれはわかっているのだが，手足として動く企業の仕組みや仕掛けが，メインバンクガバナンス時代の旧態依然とした状態にとどまっているからである。これでは成果が出るはずもない。仕組みや仕掛けが変わらなければ，働いている人の意識も変わらない。ますます変化からは遠ざかる。

■問題は「本社の仕事」

　何が問題なのだろうか。端的にいえば，「本社の仕事」を丸ごと改革しなければ，新しい時代の要請に応えることはできない。日本企業の本社はメインバンクガバナンス時代の環境に適応するように作られた。強大な事業部門に対して，「儲けていない」本社部門の力は弱く，事業に口をさしはさむことはまず

できなかった。外部に対しては，銀行に「過去の数字」をしっかり出すことができればそれでよかった。売上至上主義で何の問題もなく，資本効率を見る必要もなかった。経営者は「オペレーションのボス」なので，マネジメントを支える右腕としてのプラットフォームも築く必要がなかった。

　だが，今はそれで済む時代ではない。不確実性が増すばかりの将来に向けて，荒波を乗り越えるためにはマネジメント・プロフェッショナルたる強い経営者が必要だ。経営者が強大になると次の2つのことが必要になる。1つは，経営者を監督するガバナンスも強化されなければならないということ，2つ目は，経営者を支援する右腕としての本社機能が強化されなければならないこと，である。この2つの大きな流れに，日本企業は例外なくさらされている。すでに気づいて対処している企業もあるが，多くの企業はまだ道半ばである。本書では，後者の面に着目して論を進めたい。また，本社の仕事全体については別の著書（松田，2019）で述べたので，本書においては，コーポレートガバナンス・コードにおいて要請されている「資本コストを見据えた事業ポートフォリオマネジメント」をこなすための本社のあり方にフォーカスする。ここから先は本書冒頭で申し上げた「骨太の方針」へと入っていきたい。だが，その前に基本的なファイナンスの知識についてちょっとおさらいしておこう。もちろん，企業価値やキャッシュフロー，資本コストなどについて「もう十分にわかっている」という方は次章は読み飛ばして**第3章**に進んでいただいてかまわない。

経営に必要なファイナンス の要諦

 企業価値向上とは何なのか

■将来キャッシュフローを生み出す

　企業の経済的な成功を示す指標は，前述のとおり，昔は「売上」であった。だが，現在では「企業価値の向上」である。「企業価値」とは，教科書的に定義すれば「有利子負債および株主資本のコストを勘案後の，当該企業の将来キャッシュフロー生成能力の総和の現在価値」といえるが，これではまるで呪文だ。ここではまずシンプルに「キャッシュフロー」，すなわちおカネの流れであると考えよう。企業にとってこれが何よりも重要だ。企業が倒産するのはどういうときかを考えればすぐわかる。売上が減った場合でも，赤字になった場合でもない。現金の流れが滞った場合，つまりおカネがなくなった場合に会社はつぶれる。そうであれば，おカネが円滑に流れることが企業の目指すべき経済的な価値であろう。

　したがって，重要なのはキャッシュフロー（おカネの流れ）である（**図2－1**）。事業に資本を投下しおカネを生み出し，それをまた事業に再投資していくことで，おカネの流れが年々力強く豊かになっていくことが，経済的な成功の証である。なお，最近では経済的価値だけではなく社会的価値も重要視されるようになっているが，この点は別の機会に譲ることとしたい。

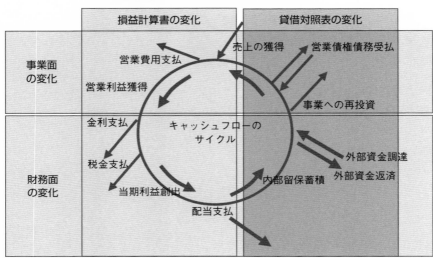

図2-1 キャッシュフローのサイクル

■将来キャッシュフロー生成能力の向上

　キャッシュフローといっても別に難しい話ではない。要はおカネの出入りである。また，制度会計的なことはいったん忘れていただきたい。その上で企業におけるおカネの出入りを考えれば，大きなおカネの出入りは**図2-2**に掲げた5つぐらいなものである。

　企業としては，要はこの5つの中で，「入りを増やして，出を抑える」ことをすれば，将来のキャッシュフローは増える。何だか簡単そうである。そうもいかないのが企業経営の難しいところだが。

　「おカネの流れ」には，いくつかの重要な要素がある。まずは何といっても，おカネ自体を手に入れなければならない。これを「（資金）調達」という。次に，手に入れたおカネを，何らかの目的のために用いる。こちらは「（資金）運用」だ。企業であれば工場建設のために資金を投じたり，他社を買収するた

図2-2　主なおカネの出入り

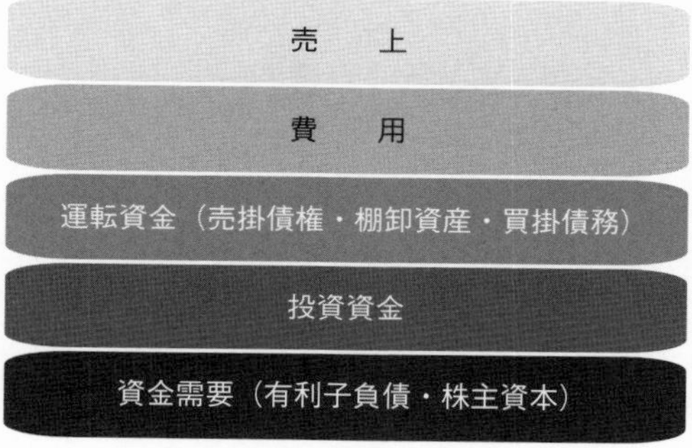

売　　上

費　　用

運転資金（売掛債権・棚卸資産・買掛債務）

投資資金

資金需要（有利子負債・株主資本）

めの投資をしたりといったことが考えられる。

　こうした運用は，やりっぱなしでは困る。おカネを投じたからにはきちんと見返りを「回収」しなければならない。また，その見返りをどのように「配分」するかという問題も生じる。株主への配当をどうするかなどというのは典型的な配分の問題といえる。こうしたおカネの「調達」─「運用」─「回収」─「配分」の流れをどうしたらうまく取り扱えるのか考えるのが企業における財務である。コーポレートファイナンスとも呼ばれる。

■アカウンティングとファイナンスは異なる

　「おカネの流れ」を取り扱うためには，その特性を知らなければならない。ここでは大別して，次のとおり3つ取り上げる。

　　①　アカウンティング（会計）とは異なる

　　②　ハイリスクであればハイリターンである

　　③　現在の100万円と将来の100万円は異なる

　数字を扱うという点では同じとみなされがちな会計（経理，アカウンティング）と財務（ファイナンス）であるが，この2つは似て非なるものだ。会計の使命は「過去の業績を正確に報告する」ことにある。そのために様々な基準が設けられる。企業のこれまでの歩みを知るために重要な情報だ。

　一方，財務の使命は「将来の予測を確からしく行うこと」である。過去にはさして関心はない。事業がどうなるのか，投資した見返りが十分にあるのか，といった「将来」を，論理と数字を用いて「確からしく」予測するのが仕事である。

　予測にはリスクが伴う。リスクというのは，簡単に言ってしまえば「将来に損失を被る可能性」のことだ。それを引き受ければ，もしかすると本当に損失を被ってしまうかもしれない。しかし，「虎穴に入らずんば虎子を得ず」の諺どおり，リスクを取らなければリターン（見返り）は得られない。「元本保証，高利回りの投資におカネを出したら詐欺だった」といった被害が報道されるが，高利回り＝ハイリターンを約束しながら元本保証＝ノーリスクということは，ファイナンスの世界ではありえない。

　ファイナンスの世界では「タンス預金」という概念もない。おカネは置いておくと時間の経過とともに利子がつくという考え方をする。今の時点で100万円を預金すると，金利が5％の場合，来年には100×（1+0.05）＝105万円を受け取れることになる。

　逆に，来年100万円を受け取るために，今年どれだけ預金をしておけばいいかを考えると，今年必要なのは100÷（1+0.05）≒95万円だ。今年の100万円は，来年の100万円（今年の価値に直すと95万円）よりも価値があるということだ。

　100万円を1年間預金することで得られるはずの来年の105万円は将来の価値なので，そのものずばり「将来価値」（FV, Future Value，フューチャー・バリュー）と呼ぶ。一方，1年後の100万円を得るために必要な今年の95万円は現在の価値なので，これもそのまま「現在価値」（PV, Present Value，プレゼント・バリュー）と呼ぶ。また，このように将来の価値を現在の価値に直すことを「割り引く」という。この場合，金利5％に相当するものを「割引率」（Discount Rate，ディスカウントレート）といい，よくrで表される。

■負債と資本も異なる

　おカネの特性を知った上で，改めて事業で使うおカネの「調達」について考

えよう。事業に必要な資金をどのように調達するのか。これは，事業を興す際の永遠の課題である。自前で調達（内部調達）できなければ，誰かに出してもらうか，借りてくるしかない。これを「外部調達」という。

　外部から調達する場合，その方法は大きく2つに分かれる。資本を出してもらうか，借金をするか，である。前者は，企業の中では「株主資本」，後者は「有利子負債」というジャンルに位置づけられる。単に資本と負債と呼ばれることも多い。

　この2つの違いは先にも見たとおりだが，前者は「返す必要はないがコストの高いおカネ」であり，後者はその逆である。株主資本は，企業の将来業績に見返りの多寡を賭けているハイリスクマネーであるため，ハイリターンを要求する。有利子負債はそうしたリスクを避けるため契約を結んで返済や見返りの多寡を前もって約定し，ローリスク（ローリターン）マネーを供給する。加えて，有利子負債には節税効果も働くので，よりローリターン，すなわち企業にとってはローコストの状態を実現できる。かといって使いすぎれば，信用リスクの懸念という別の要素が出てきて企業を脅かす。したがって，この2つをどのように使い分けるかが，財務の腕の見せ所となる。

■事業リスクと財務レバレッジ

　ただ，これは単に財務の技術的な問題ではない。株主資本と有利子負債のバランスを考えるときに，避けて通れないのは実は事業のリスクである。事業におけるリスクが大きければリターンも高まる。例えば，開発医薬の世界などは事業リスクが高く，リターンへの期待も大きい。医薬品開発には巨額の研究開発費と長い時間がかかり，しかも成功するとは限らない。その代わりいったん成功すれば特許にも守られ莫大な利益が期待できる。大きな賭けを常にやっているようなものともいえる。ハイリスク・ハイリターンを狙う株主にとっては，こうした事業リスクの高い分野は，投資するのには非常に親和性が高い。一方，事業の側で将来生み出されるキャッシュフローの不確実性が高いので，ローリスク・ローリターン型である負債投資家にとっては，信用リスクを懸念し，許

容する借金のレベルは非常に低いものとなる。要は，「賭け事をするならば手持ちの資金でやってくれ」ということだ。医薬品業界が株式投資の世界だと言われる所以である。

逆もある。同じディフェンシブ銘柄と呼ばれながらも，医薬とは対照的にローリスク・ローリターンの世界を形成しているのが食品業界である。何といっても人は食べなければ生きていけない。一定のブランドさえ築いてしまえば先々のキャッシュフローを読むこともそう難しくはない。その代わり，目覚ましい成長も考えにくい。こうした事業リスクの低い分野では，事業から挙げたリターンでは，株主の要求するリターンを満たせなくなってしまう。したがって，信用リスクの懸念に抵触しない範囲で，有利子負債などをほどよく活用したほうがよいということになる。

事業リスクは，また企業の発展段階によっても異なってくる。黎明期の企業などの場合，債権者はなかなか資金を出したがらない。一方で，高いリスクを取って将来の成長によるリターンを狙うような株主が資金を提供することはよくある。逆に，成熟した大企業に対して債権者は喜んで資金を出すが，株主としてはもはや「グロース株」としての魅力はなく，配当狙いの「バリュー株」として扱われたりする。

このように，「事業リスク」と「財務レバレッジ」のバランスを取っていくことは，実はこの本で述べる事業ポートフォリオマネジメントの要諦の1つでもある。後ほどまた見てみよう。

ところで，ここまで投資家側の視点に立って，ハイリスク・ハイリターン，ローリスク・ローリターンと述べてきたが，投資家側のハイリターンは，企業にとってのハイ「コスト」である。投資家は篤志家ではないので，ただでおカネを提供しているわけではない。おカネにはカネがかかるのだ。ここからは，事業会社の側に立って，元手にかかるカネは「コスト」扱いするとしよう。

Ⅱ　資本コストをどう算出するのか

■加重平均資本コストが持つ意味

　株主資本と有利子負債それぞれのコストを加重平均したものを，加重平均資本コスト（Weighted Average Cost of Capital, WACC）と呼ぶ。計算自体は難しいわけではない（図2-3）。

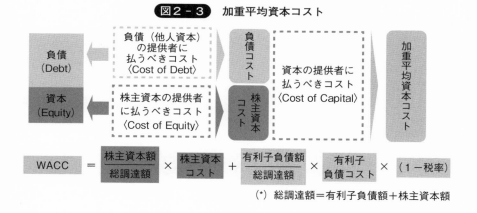

図2-3 加重平均資本コスト

(*) 総調達額＝有利子負債額＋株主資本額

　問題なのは，資本コストの意味である。実は，このコストは実払額という意味ではない。有価証券報告書などで報告される金利や配当は，「過去」に企業が投資家に向けて実際にどれくらい払ったかという「実払額」だ。一方，資本コストというのは，投資家が「将来」にいくらくらいリターンを得られるかという「期待値」である。このリターンには，将来支払われる金利，配当だけではなく，株価上昇益も含まれる。別の言葉を使えば，資本コストというのは投資家にとっての機会費用[1]であるともいえる。事業会社がこれから先投資家

---

(1)　前節で，ファイナンスにはタンス預金という概念はないと述べた。もし，金利5％という状態でタンス預金をしていたら，100万円は1年経っても100万円のままだ。銀行に

にどのくらいのリターンを約束すれば，他への投資をあきらめて自社に投資してくれるかという意味であり，投資家が要求する最低限の収益率と言ってよかろう。事業会社にとっては，これを下回る実績しか上げられなければ投資家の期待を裏切ることになるわけだから，この水準は事業を営む際のハードル・レートとなる。この水準を割り込む収益しか上げられない事業は，企業価値を毀損していることになる。

　そうであれば，皆さんの会社で行っている事業は，どれが資本コスト割れしていて企業価値を毀損しており，どれが資本コストを上回るリターンを叩き出しているか，気になってはこないだろうか。企業価値向上に貢献している事業には，もっと貢献してもらうべく経営資源を厚めに配分したくはならないだろうか。企業価値を毀損し続けてはや10年，などという事業については，よほどの梃入れか場合によっては撤退，あるいは売却といった荒療治の可能性も頭に浮かぶはずである。こうしたことを考え，経営資源の配分を行っていくことこそがまさに「資本コストを踏まえた」事業ポートフォリオマネジメントということである。

　そのためには，企業内の体制作りもまた必要だ。昨今，CFO（Chief Financial Officer）という存在が改めて注目されている。昔ながらの経理や財務の担当役員ではなく，事業を進めるための財務，企業価値向上を目指す経営を考える経営者としてのCFOの重要性は，今後ますます高まっていくと思われる。

　さて，ちょっと話が走りすぎた。もう少し資本コストの話を続けよう。

■有利子負債コスト

　有利子負債と株主資本にかかるコストは「資本の機会費用」であり，実払額とは異なると述べた。しかし実際には，有利子負債の場合には先述したとおり，

預ければ得られる来年の価値FV＝100万円×1.05＝105万円と比べると，105万円－100万円＝5万円の利益を取り損ねていることになる。現実の損失はないが，本当なら儲かる機会を棒に振っていることになる。このように最大の利益を生む選択肢以外を選んで本来得られた利益との差を取り損ねている場合，その潜在的な損失分を他の選択肢を選ぶ上での費用とみなし，機会費用（Opportunity Cost，オポチュニティ・コスト）と呼ぶ。

将来の期待値を契約によって確定してしまうので，期待値と実払額はそれほど異ならない。元手自体が増えることによって得られる儲け（これをキャピタルゲインという）もない。元手を持っていることにより得られる儲け（これをインカムゲインという）があるだけだ。有利子負債の場合にはこれが金利に当たるわけだが，金利は契約でその水準が事前に定められているので，将来の期待値であっても，現時点での契約状況を見ればほぼ推測できる。そのため，現時点で適用されている金利をそのまま用いて推計する場合も実際には多い。

　ただし，厳密にいうと有利子負債コストは「いま，もし中長期の借入れを行おうとしたらいくらで借りられるのか」ということなので，「今支払うべきなのはいくらか」という実払額とは異なる。信用リスクが大きく動いたときなどは，現時点での実払額と，将来予測される期待値との間には乖離が生じることになる。

　また，有利子負債のコストに関しては，先ほど見たように節税効果が生じることにも注意したい。そのため事業会社側から見たコストとしては一層ローコストになるのだが，税金はキャッシュで出ていくものなので，ありとあらゆるファイナンスの計算においてその影響を十分に考える必要がある。

■株主資本コスト

　株主資本コストはもっと厄介だ。株主資本に対するリターンは契約で定められているわけではない。すべては将来の企業業績によって決まる。インカムゲイン（株式の場合は配当）だけではなく，キャピタルゲイン（株価上昇益）も考えなければならない。さて，どうすればよいのか。

　実は，決定的な解決方法はない。こんなことを断言するとファイナンス研究者に怒られそうだが，そうはいっても将来のことなので本当は誰にもわからない。ただ，わからなくては困るので合理的に推計を行おうとし，そのために様々なモデルが提唱されている。ここでは，CAPM（Capital Asset Pricing Model, 資本資産価格モデル）に基づいた推計方法を見てみよう。要は「ハイリスク・ハイリターン，ローリスク・ローリターン」であることを念頭に置い

ていただき，それは**図2－4**のように直線的に表わされる関係であると考えて
いただければ十分である。

　これを用いて，まずリスクがない資産（安全資産）と，株式市場全体に投資
した場合の資産のリスクとリターンを明らかにする。前者はその国の国債であ
る。国債に投資したときのリターンと比べて，株式市場全体に投資したときに
どのくらいリターンが増えるか，というのを見るのが第1段階である。この時，
国債のリターンに比べてリスクを取ったがゆえに増えたリターンを，リスクプ
レミアムという。リスクを取ったご褒美ということだ。株式市場全体に投資す
るというリスクを取ったのであれば，株式リスクプレミアムとなる。

　次に，株式市場全体のリスク・リターンと，個別株式，例えばあなたの会社
のリスク・リターンを比べてみる。株式市場全体が1動いたときに，あなたの
会社の株価はいくら動くだろうか。これを表したものをβ値（べーたち，と読
む）という。β値は株式市場全体では1になる。もしあなたの会社のβ値が1.8
であれば，株式市場が1しか動かないのに1.8も動く，リスクの高い株だとい
うことになるし，0.5であれば，株式市場が1動いているときにその半分しか

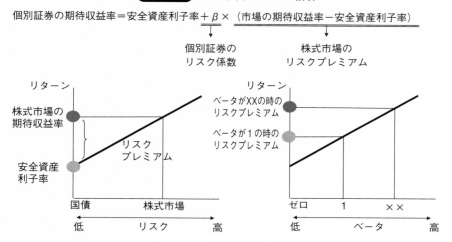

図2－4　**株主資本コストの計算**

個別証券の期待収益率＝安全資産利子率＋β×（市場の期待収益率－安全資産利子率）

動かないリスクの少ない株式だということになる。β値がわかれば，それに対応するリターンもわかる。これが，皆さんの会社における株主資本コストである。

■具体的な計算要素

前項のCAPMによる株主資本コストの計算を行う際に用いる数値は，具体的にはどのようなものを使うのだろうか。ここで用いる株主資本コストの構成要素は「安全資産利子率」「株式リスクプレミアム」「ベータ値（β）」の3種類だ。

まず，株式リスクプレミアムは，具体的には国債投資と株式投資の利回りの差ということなので，日本であればTOPIX等の長期利回りから，国債の利子率を引いたものということになる。国債は10年物の国債利回りを用いることが多い。これは，企業は永遠に続くことが前提なので具体的な期間を定められないため，最も標準的な期間を使っているだけのことだ。TOPIX等の長期利回りの数値は，証券会社や金融情報会社などから入手できる。統計的な観点からは長い期間のデータを使うべきだろうが，日本の場合イレギュラーな要素も多く，どの期間の平均を取るかによって大きく数値は変わってくる。

こうした点でなるべくなら正確さを求めたいものだが，経験的にはコンマ以下の世界に入りこんで出られなくなるような「ファイナンス版オペレーショナル・エクセレンス」を追求するのに時間をかけすぎている担当者が多いように思う。企業グループ内における事業ポートフォリオマネジメントでは，本社は投資家である。資本コストは「投資家の要求する将来への期待値」なのだから，あまり過去のマーケットの数値に振り回されるよりも，これから将来に向けて株式投資をすることで国債に比べてどのくらい儲かる「べき」なのか，ある程度仮説を持って臨んだほうがよいだろう。

最後にβ値についてである。個別証券（すなわちあなたの会社の株式）のリターンと株式市場全体のリターンとの共分散を，株式市場全体のリターンの分散で割ったものがβ値である。過去5年程度を取って計算することが多い。自

分で計算できるが，そんな手間をかけなくても，証券会社や金融情報端末から得ることができる。なんだ，簡単ではないかと思うなかれ。問題は，上場企業のβ値ならその方法ですぐ取れるのだが，では事業別のβ値をどうするのかという点である。個々の事業は上場していないので株価がなく，したがってβ値がない。この問題を乗り越えるのが，事業ポートフォリオマネジメントのテクニカルな問題点である。これについては後述する。

企業価値を算出する

■企業価値の構成要素

ここで，改めて「企業価値の向上」について考えてみよう。企業の成功度を測る指標は，今の時代では「企業価値」であるということ，それは「おカネを投じる効率やリスクも考えた上での儲け」であることはすでに見た。教科書的に定義すれば「負債と資本のコストを勘案後の，その企業が生み出すキャッシュフローの現在価値の総和」であるとも述べたが，ここまで来るとその意味もある程度おわかりいただけたのではないだろうか。「負債と資本のコスト」というのが前節で見た「加重平均資本コスト」のことである。それを勘案した上で投資された資本を元手に，「その企業が生み出すキャッシュフロー」が生み出される。これは将来のものなので加重平均資本コストを割引率として現在価値に直す。この合計が企業価値だ。さらに詳しい内容は後に述べるが，ここで押さえていただきたいのは，企業価値の構成要素が「将来生み出すキャッシュフロー」「それを生み出すために投資される資本」「その資本にかかる機会費用（資本コスト）」であるということである。

■企業価値向上のための３つの方法

そうだとすると，「企業価値向上」というのはどのようにすれば実現するのだろうか。構成要素が３つしかないので，企業価値向上策も以下の３つしかな

い。

① 　事業から得られるキャッシュフローを増やす＝営業活動の問題
② 　資本のかけ方を考える＝投資活動の問題
③ 　資本コストを下げる＝財務活動の問題

　①についてはおなじみだろう。事業から得られる最大のキャッシュフローの「入」は売上である。事業が回っているときに出ていくのは各種の費用である。要は「売上を上げるか費用を下げるか」だ。加えて，まだ売上になっていない売掛金や在庫，まだ費用になっていない買掛金などにかかるおカネを減らすことでも営業活動に関するキャッシュフローは増やすことができる。

　②は少々厄介だ。日本企業が苦手としてきた問題だからだ。やり方としては２つ考えられる。「将来キャッシュフロー＞資本コスト」ならば投資を実行する，あるいは「将来キャッシュフロー＜資本コスト」ならば投資から撤退する，要は投資判断を的確に行うということだ。企業にとって事業にかかる最大のキャッシュフローの「出」は投資であるから，この意思決定は重要だ。

　③も日本企業にとっては今までなじみがないことかもしれない。加えて，資本コストを下げるといっても，資本コストはもともと投資家における資本の機会費用である。企業の側で勝手に下げるわけにはいかない。だが，２つだけ方法がある。

　１つは，「株主資本と有利子負債の割合を変える」ということだ。もう１つは資本の機会費用に関する考え方を変えるよう投資家自身に対してアプローチするということだ。具体的には「情報開示を充実させる」ことが重要である。投資家に対してリスクとリターンに関する情報を十分に提供すれば，それだけ情報の非対称性が少なくなり，リスクを過大に見積ることで機会費用が高くなる懸念を防げる可能性があるからだ。

図2－5 企業価値を上げる３つの方法

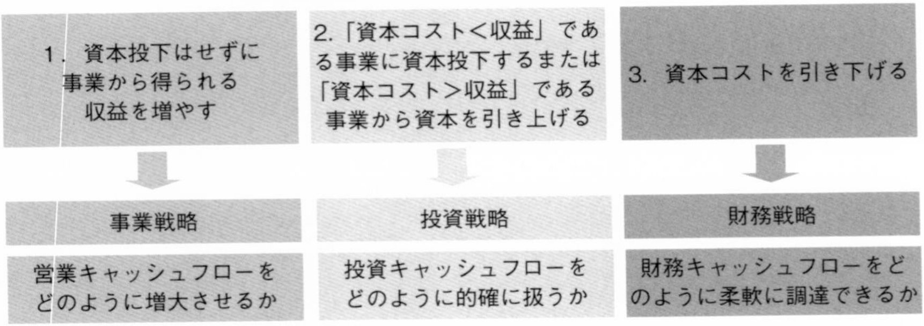

1．資本投下はせずに事業から得られる収益を増やす	2．「資本コスト＜収益」である事業に資本投下するまたは「資本コスト＞収益」である事業から資本を引き上げる	3．資本コストを引き下げる
↓	↓	↓
事業戦略	投資戦略	財務戦略
営業キャッシュフローをどのように増大させるか	投資キャッシュフローをどのように的確に扱うか	財務キャッシュフローをどのように柔軟に調達できるか

■企業価値，事業価値，株主価値

　ここで，言葉を整理しておこう。企業価値，事業価値，株主価値，どれもよく聞く言葉だが，どう違うのだろうか。

　この中で，最もわかりやすいのは「事業価値」だろう。これは，事業に使用されている資産から生み出される価値のことである。事業用の資産，一般的には営業資産というが，工場や営業所，あるいは運転資金などもこれに含まれる。こうした事業に供される資産を活用して，どのくらいキャッシュフローを生み出せるのか，それが事業価値である。

　ただし，企業が１つだけしか事業を行っていないとは限らない。複数の事業があれば複数の事業価値がある。また，企業には必ずしも事業に供されている資産ばかりがあるわけではない。遊休土地を持っていたり，余剰現預金を眠らせていたりするかもしれない。こうした事業に回っていない資産のことを非営業資産という。事業に供していないからといって，価値がないわけではない。したがって，これらも加えた「企業」としての価値を，企業価値と呼ぶことになる。

　「企業価値」は，その価値が誰に帰属するのかによって２つに分けることができる。まずは債権者に帰属する部分。借金の返済義務などがあれば，これは生み出したキャッシュフローから，あるいは非事業用資産などから支払わなけ

図2-6　企業価値，事業価値，株主価値

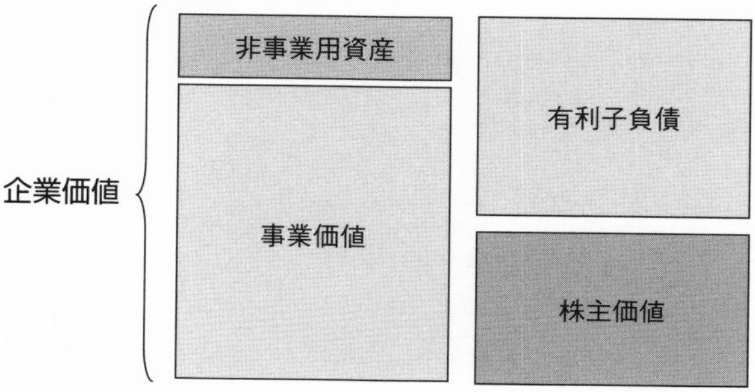

ればならない。もう1つは株主へ帰属する部分。企業価値から債権者への帰属部分を引いたものだ。これを株主価値という。この株主価値を株式総数で割ることにより，理論的な株価が求められる。

■**純資産，自己資本，株主資本**

　ここで，用語について見ておきたい。昔は，純資産＝自己資本＝株主資本であった。また，当期純利益から配当等を除いたものは資本の部に繰り入れられ，損益計算書で計算された期間損益と，貸借対照表における純資産の増減額（資本取引による増減額は除く）が等しくなっていた。これをクリーンサープラス関係というが，日本の会計においては，国際的調和を考慮して資産負債アプローチを取り入れる一方，依然として収益費用アプローチも使い続けたため，この関係は崩れてしまっている。それゆえ色々な影響も大きいのだが，ここでは資本の部に属する様々な呼び方ができてしまったことに話を絞ろう。

　自己資本という言い方は，本来株主のものである資本があたかも企業自身のものであるかのような誤解を与えるので好ましくないが，株主の力が弱かった日本においては慣習的に長らく用いられてきた。本来は，それが資本市場の規制緩和や物言う株主の増大とともに「株主資本」という正しい呼び名となって一件落着……で済めばよかったのだが，ここに上記の会計分野の変更が影響を及ぼす。会計上は総資産から負債を除いたものを「純資産」と呼ぶこととなり，

図2－7 純資産，自己資本，株主資本

株主資本	資本金	株主資本	純資産
	資本剰余金		
	利益剰余金		
	自己株式		
評価・換算差額	有価証券評価差額金	自己資本	
	繰越ヘッジ利益		
	為替換算調整勘定		
新株予約権			
少数株主持分			

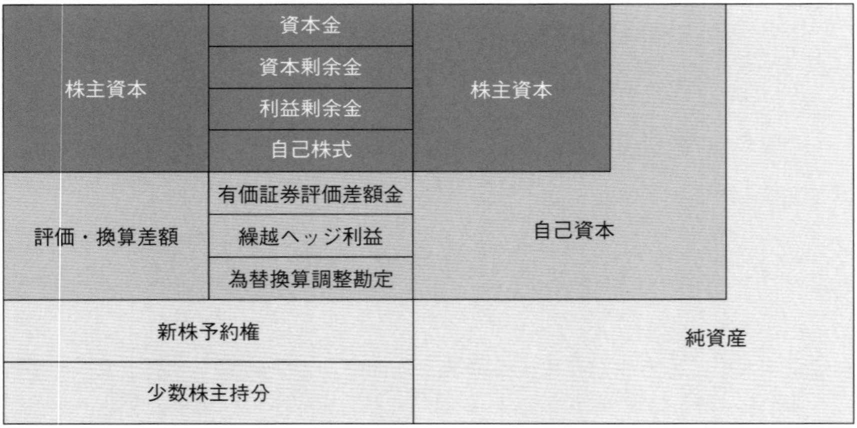

それとともに中身にも様々な要素が加わった。金融機関などで財務分析を行うときには，自己資本を使って計算を行っている。結局のところ，純資産，自己資本，株主資本の定義が**図2－7**のようになされることになり，今に至っている。

　ファイナンス的にいえば，株主が拠出した資本であるということが最も重要なのだが，ちょっと面倒くさい事態になってしまっている。皆さんはあまり気にしないで，本質的な問題に戻ろう。株主の関心は株主価値がどうなっているかである。

■株主価値はどのように決まるのか

　株主価値を算出する方法としては以下の3種類がある。

▶インカム・アプローチ

　その企業が将来得るリターンを基に価値を決める手法をインカム・アプローチという。

　モノの値段というのは，それが将来もたらしてくれる価値によって決まる。

　金融においては，将来のキャッシュフローが予測できれば，そのものには値段
がつく。企業の場合もこれと同じだ。やや乱暴かもしれないが，企業とは，
個々の事業，あるいはプロジェクトにおける数多のおカネの流れを束にしたも
のともいえる。この将来入ってくるおカネの「束」の総合計の現時点での価値
が会社の値段，ということになる。

　このおカネの束を何で測るかということで，いくつか考え方がある。利益で
あったり，配当であったりする場合もあるのだが，実務的にはやはりキャッ
シュフローであるという考え方が圧倒的だ。これをディスカウンテッド・
キャッシュフロー（Discounted Cash Flow，DCF）法と呼ぶ。詳しくは後述
する。

▶コスト・アプローチ

　これは企業の持つストックに着目した分析で，ストック分析などとも呼ばれ
る。すなわち，バランスシート上の資産の価値をすべて見直してそれらを売っ
たらいくらになるかという手法だ。それが簿価だということであれば，簿価で
の株式の価値試算（これを簿価純資産法という）ということになるが，ファイ
ナンスの世界には簿価という概念はないので，今売ったらいくらで売れるのか，
あるいは同じ価値のある資産を集めてきたらいくらかかるのかという時価での
洗替え（時価純資産法という）を行うのが普通である。

▶マーケット・アプローチ

　非上場で，資本市場で株価がついていない企業に用いられる。また，上場企
業でも株価の高低をチェックするのによく用いられる。自社と同様の企業は市
場（株式市場の場合とM&Aマーケットの場合がある）においていくらで取引
されているのかという情報を参考に，それと同程度の株価がつくであろうとい
う推測を行う。最も有名なのが，EBITDA（Earnings Before Interest, Taxes,
Depreciation and Amortization，金利支払前税引前減価償却前利益）の何倍の
企業価値があるか（これをEBITDA倍率という。マルチプルなどとも呼ばれる）

図2-8 企業価値の算定方法

> **フロー分析（インカム・アプローチ）**

■ディスカウンテッド・キャッシュフロー（DCF, Discounted Cash Flow）法
■収益還元法など

> **ストック分析（コスト・アプローチ）**

■簿価純資産法
■時価純資産法など

> **マーケット分析（マーケット・アプローチ）**

■類似会社比準法（EPS・BPS／PER／EBITDA）
■類似取引法など

を上場している同業他社について求め，その平均から対象企業の株主価値を以下のように計算する。同様の計算をPERやPBRによって行う場合もある。

　対象企業の株主価値＝
　対象企業のEBITDA×同業他社平均EBITDA倍率－対象企業の有利子負債

Ⅳ　ディスカウンテッド・キャッシュフロー法とは何か

■大別して4つのプロセス

　インカム・アプローチとしてよく用いられるDCF法は，これまでに見てきた内容のおさらいのようでもある。企業が将来にわたって生み出すキャッシュフローを現在価値に割り引いて現在価値に直したものが企業の価値であり，そこから株主のものではない有利子負債を差し引くのが基本だ。ステップを4つに絞るとわかりやすい。

　①　中長期的な将来のキャッシュフローを予測する

②　それより先のキャッシュフローはまとめて処理する

③　将来のものなので割り引く

④　不必要なものを引き，必要なものを足して株主価値を出す

　まず，①においては，将来生み出すキャッシュフローを予測する。このとき，基準になるのは「フリーキャッシュフロー」（FCF）だ。FCFを予測するのは，「中長期」，だいたい 3 〜 7 年くらいである。真ん中を取って 5 年くらいが多いかもしれない。このくらいの期間であれば，業界動向なども具体的に予測できるからだ。このあたりの予測については後述する。

　一方，企業は 5 年で終わるわけではない。この先もずっと続く。企業の存在はGoing Concern，すなわち企業は永続的に存在する，ということを前提としている。したがって，予測期間以降のFCFは，予測最終年度のFCFがそのまま永遠に続くと仮定して処理することになる。こうして計算する部分を，継続価値（Continuing Value）という。これが先ほど見ていただいた 4 つのプロセスのうちの 2 つ目だ。これを全部合計してみたのが事業価値である。ただし，実は簡単に合計するわけにはいかない。将来のFCFは現在価値に直してから，ということになる。将来に事業が生み出すであろうキャッシュフローを予測し，かつこの先未来永劫続くであろうキャッシュフローを計算したわけだが，それはすべて「将来生み出される価値」だ。現在のものとして考える場合には割引率を用いて割り引かなければならない。

■割引率として使われる資本コスト

　ここで問題となるのは，「この割引率はいくら？」ということだ。前掲の例では割引率の説明に銀行預金を取り上げた。銀行にとって，金利というのは預金者とお約束した「見返り」である。他をあきらめてウチに預けてくれれば，これだけの見返りを上乗せしてお返ししますよ，ということだ。では，企業にとってこれに当たるものは何だろうか。同じものが，企業にもある。先ほど見た「資本コスト」だ。正確にいえば，加重平均資本コストである。「これだけは投資家にお約束した以上守らなければいけない，見返りの最低水準」，ハー

ドル・レートのことであった。要は，銀行における金利と同じで，ウチに預け
てくれれば，これだけの見返りを上乗せしてお返ししますよ，ということだ。
したがって，これが企業の将来キャッシュフローを割り引くときに使われる割
引率になる。

　こうして求められるのが当該事業の事業価値だ。これに非事業用資産の価値
を加えて全社の価値としたものが企業価値，そこから返さなければならない有
利子負債を除いた後は全部株主のものだから株主価値となる。

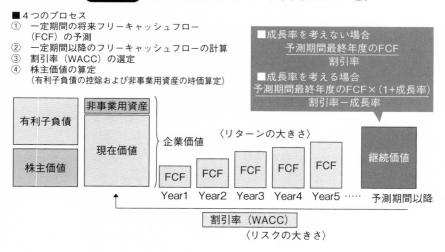

図2-9 ディスカウンテッド・キャッシュフロー法

■4つのプロセス
① 一定期間の将来フリーキャッシュフロー
　　（FCF）の予測
② 一定期間以降のフリーキャッシュフローの計算
③ 割引率（WACC）の選定
④ 株主価値の算定
　　（有利子負債の控除および非事業用資産の時価算定）

■成長率を考えない場合
　　予測期間最終年度のFCF
　　　　　割引率
■成長率を考える場合
予測期間最終年度のFCF×（1+成長率）
　　　割引率－成長率

有利子負債　非事業用資産
株主価値　　現在価値
企業価値　〈リターンの大きさ〉
FCF　FCF　FCF　FCF　FCF　継続価値
Year1　Year2　Year3　Year4　Year5 ……　予測期間以降
割引率（WACC）
〈リスクの大きさ〉

■継続価値の計算

　前掲の継続価値の計算について見ておこう。継続価値とは，今後企業が永遠
に続くと仮定した場合の，予測期間以降のキャッシュフローである。では，永
遠というのはいったいいつまでを指すのだろうか。100年？　200年？　例えば
そうした長さを設定して，その間のキャッシュフローを延々と予測し，割り引
いて現在価値に直すということを続けていただいても結構なのだが，残念なが
ら我々はそれほど暇ではない。したがって，少々数学の力を借りることになる。

とはいっても，大した話ではないので，数学が嫌いな人もご安心を。

▶成長を考えない場合

　予測期間以降のフリーキャッシュフロー（FCF）が，それ以上成長しないと考えるのであれば，継続価値の計算は極めて簡単である。予測期間の最後に当たる年のFCFを，加重平均資本コスト（割引率）で割ればよいだけのことだ。これで，予測期間の最後に当たる年のFCFが永遠に続いた場合の，その現在価値の合計が求められる。

$$成長を考えない場合の継続価値 = \frac{（予測期間最後の年のFCF）}{（加重平均資本コスト（WACC））}$$

▶成長を考える場合

　成長を考える場合についても，それほど難しいわけではない。予測期間最後の期のFCFが来期以降一定割合で成長していくとして，それを加重平均資本コストから成長率を引いたもので割ればよいということになる。

$$成長を考える場合の継続価値 = \frac{（予測期間最後の年のFCF×（1＋成長率））}{（加重平均資本コスト（WACC）－成長率）}$$

■継続価値に関する留意点

　このように，継続価値の計算は極めて簡単な式で求められる。ただし，留意しなければならないのは，予測期間最後の期のFCFがその年に特有の支出や収入に大きく影響されていないかということだ。これらを含めたまま継続価値を計算すると，その年特有の支出や収入が未来永劫続いてしまうということになる。したがって，この額は吟味して調整しなければならない。この調整を施していくと，結局この数字は，運転資金の増減もなく投資もなく，通常得られた利益から税金だけ払った状態に近づいていくので，結局のところNOPAT

（Net Operating Profit After Tax, 税引後営業利益）に近づいていく。

　成長率は，あまり大きくしすぎないほうがよい。未来永劫高い成長率を享受し続けるという設定もあまり現実的ではないからだ。通常，その国のマクロ経済の成長率を超えるような成長率を設定することはない。

　また，継続価値の計算は，「予測期間最後の年」に考える「その時点から将来のキャッシュフローの現在価値」である。したがって，現時点での現在価値にするためには，さらにそこから割り引いておかなければならない。こちらも**図2-11**をご覧いただきたい。

図2-10 DCF法による株主価値計算例

	1年度 （百万円）	2年度 （百万円）	3年度 （百万円）	4年度 （百万円）	5年度 （百万円）	継続価値 （百万円）
EBIT	490	515	556	699	768	
税金（40%）	▲196	▲206	▲222	▲279	▲307	
減価償却費	210	221	318	349	384	
運転資金増加額	▲28	▲33	▲62	▲79	▲91	
設備投資額	▲250	▲250	▲300	▲350	▲400	
FCF	226	246	289	339	354	
WACC=10%，永久成長率3%とすると，						5,209
現在価値	205	203	217	232	220	3,235
企業価値計	4,312					
有利子負債	▲1,500					
事業外資産	1,000					
株主価値	3,812					

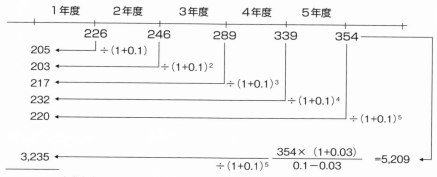

図2-11 DCF法による株主価値計算例図解

ちなみに，DCF法による企業価値評価と同様の手法は，投資判断でも用いられる。各事業や各プロジェクトが生み出す将来キャッシュフローの合計の現在価値が，企業に求められるハードル・レートである加重平均資本コストを上回っていればその事業やプロジェクトは価値を生んでいる（おカネを増殖させている）ことになり推進すべき，逆であれば価値を毀損している（おカネを減らすばかりである）ので撤退すべき，という判断ができる。こうした考え方を正味現在価値（Net Present Value，NPV）法と呼ぶ。

また，どのくらい価値を生んでいるのかにより評価を行うこともできる。これについてはすでに見たDCF法と話は同じである。異なるのは，投資の場合には最初にマイナスのキャッシュフローが立つと言うことだけだ。また，よく使われるIRR（Internal Rate of Return，内部収益率）は，NPVがゼロのときの割引率を求めるものであり，答の位置が異なるだけで，基本的な考え方はNPV法と同じである。

図2-12 正味現在価値（Net Present Value, NPV）法

・主なプロセス
1. 初期投資額の設定
2. 投資対象期間の設定
3. 投資対象期間の将来キャッシュフロー（CF）の予測
4. 投資終了時に得られるキャッシュフロー（残存価値）の予測
5. 投資に要する資金種類の設定
6. 割引率の選定
7. 他の投資機会との比較

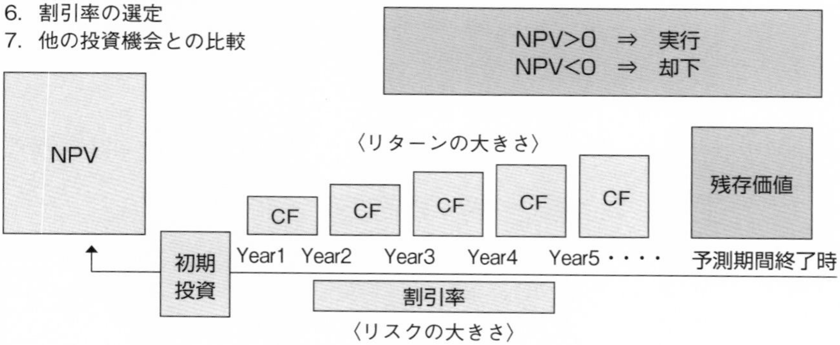

NPV＞0 ⇒ 実行
NPV＜0 ⇒ 却下

NPV

〈リターンの大きさ〉

残存価値

CF　CF　CF　CF　CF

初期投資　Year1　Year2　Year3　Year4　Year5・・・・　予測期間終了時

割引率

〈リスクの大きさ〉

V 企業価値を測る指標

　企業価値をモノサシとして経営管理を行っていくためには，企業価値を具体的にどのような指標で測るかということも課題となってくる。すでに見たとおり，企業価値とは「負債と資本のコストを勘案後の，その企業が生み出す将来キャッシュフローの総和の現在価値」として定義される。しかし，実際にこれをこのまま業績評価指標として使うのは結構難しいことだ。かといって，多くの企業が行っているように，会計上の利益を用いるだけでは企業価値とは隔たるばかりである。では，どのような指標であれば企業価値をうまく表すことができるのだろうか。

■EVA（Economic Value Added, 経済的付加価値）

　社内の業績評価を，会計上の利益ではなく企業価値につながるように測定し

ようとして作られたのがEVAである（**図2−13**参照）。具体的には，資本コスト控除後の利益を評価しようとするもので，これによって，単に売上を挙げただけではなく，そのためにどのくらい元手（資本）を使ったのかということも評価対象になってくる。例えば，売上確保のために無理をして在庫を積み重ねていたりすれば，それだけ多く資本コストが控除され，資本効率が悪いとみなされてしまう。利益についてはNOPAT（Net Operating Profit After Tax，税引後営業利益）を用いており，必ずしもキャッシュフローとは一致しないが，これは，損益計算書からの加工容易性を考慮してのことだろう。また，資本コストを「率」で表すとわかりにくいと言われることもあるため，EVAでは「額」での表示になっている。本来はわかりやすい指標である。

　ただ，日本企業でも先進企業を中心に採用が相次いだ時期があったものの，うまく企業内で展開できずに終わった例も少なくないようだ。企業内での浸透をどのように図るか，どのようにファイナンスへの理解を深めるか，などが課題と言われている。

図2−13　EVA

・NOPAT−（Debt+Equity）×WACCはプラスになっているか？

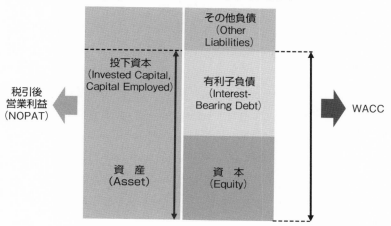

■ROIC（Return on Invested Capital，投下資本利益率）

　最近では，ROICを用いる企業が増えている。有利子負債と株主資本の合計を経営資本，あるいは投下資本（Invested Capital）という。投資家が投じた資金ということだ。投下資本について，企業自らが投資した資金という考え方もあるが，これについては後述する。

　投下資本に対していくら儲けたかを表すのがROICである。ROAが総資産に対する儲け，ROEが株主資本に対する儲けを表しているのに対し，ROICが便利なのはWACCと同じ有利子負債と株主資本という分母に対して儲けの割合を見ていることだ。考え方はEVAと同じで，結果は「率」で表されることになる。

　例えば，ROICが7％でWACCが3％であれば，プラス4％分だけ企業価値を向上させていることになるし，ROICが同じく7％でもWACCが10％であればマイナス3％分だけ企業価値を毀損させていることになる。これをROIC-WACCスプレッドなどとも呼ぶ。あるいは，EVAと原理は同じなので，EVAスプレッドと呼ぶ人もいる。

　利益の把握についてはEVA同様NOPATが使われる。なるべくキャッシュフローに近づけていこうとする試みなども行われているようであるが，ここでは「なぜNOPATなのか」という点に注目したい。これにはステークホルダーにどの段階でリターンを支払っているかという重要な意味がある。NOPATは税引後の営業利益であるので，営業利益に辿り着くまでに，顧客から得た売上から，取引先と従業員への支払をすでに行っている。加えて，税引後ということは，国や地域などへの支払も行ったということだ。

　さて，残るステークホルダーは誰だろうか。当然ながら，債権者と株主である。すなわち，ROICというのは，債権者と株主が出した元手に対して，債権者と株主の取り分がどのくらいあるのかを見ている指標ということになる。ついでにいえば，ROEの場合には，「R」が必ず当期純利益であるのも同様の理由である。当期純利益は配当もしくは内部留保に回され，要は株主の取り分と

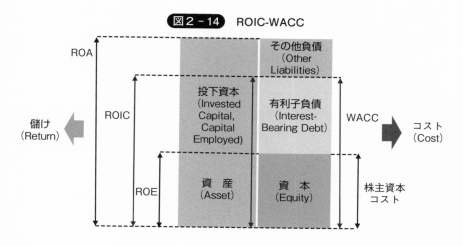

図2-14　ROIC-WACC

いうことになる。したがって，株主資本に対する儲けを表すために用いられるのである。

■ROICも万全ではない

一世を風靡しているかに見えるROICであるが，万全な指標であるわけではない。これはROEも同じことである。ROICを用いるにあたっての留意点をいくつか挙げておきたい。

▶どこまでを営業利益というのか

ROICの「R」はNOPATであり，それは債権者と株主の取り分を表すと申し上げたが，読者の中には「では，金利支払以外の営業外損益はどうなるのだ」と思った方がいるだろう。日本の会計基準の場合，営業外損益として特許料やら持分法損益やら，いかにも事業に関係しそうな様々な項目が入っており，結構なボリュームになっている。これらはどこに含まれるのだろうか。

結論からいえば，営業利益に含めて考えたほうがよいだろう。本質的なことを考えれば，顧客や取引先，従業員や政府などとの受払を済ませた後の，債権者や株主の取り分に該当する利益を見たいからである。日本基準では「営業

外」とされているが，IFRSや米国会計基準においては，これらは「営業利益」までの間で受払が終わる。営業外損益だけではなく，特別損益も同様である。日本では，さして「特別」ではなくてもすぐに特別損益として区分して表示することが多いが，こうしたことはIFRSや米国会計基準では稀である。ROICももともとはそうした会計基準を前提に考えられているので，営業利益以降の項目で債権者と株主に行かない分は税金だけ，と実にさっぱりと割り切ることができるのである。

　何だか簡単すぎないか，と思ったあなた，物事はなるべく簡単に考えたほうがうまくいく。特に，こうした会計基準の違いについて思い悩みすぎるといつまでたっても仕事は終わらない。我々は制度会計（Financial Accounting, 外部に報告するための会計）の話をしているのではなく，管理会計（Management Accounting, 経営者が内部状況を知るための数字情報）の話をしているのである。なぜか日本の経理担当の方々は「制管一致（制度会計と管理会計の一致）」にこだわるが，管理会計の学者などからは，「通常は，まず経営があって，それを動かすために必要な管理会計（経営会計）があり，それに基づいて経営が行われた結果を外部に知らせるために共通化されたルールに基づく制度会計があるのに，日本ではまず制度会計があり，それに合わせて管理会計を作るので，そこから見える数字だけを頼りに経営が行われている」との指摘さえある（正司，2012）。これでは管理会計が発達しないのも道理である。逆転現象はさっさと元に戻さなければならない。

　別に制度会計や日本の会計基準を否定しているわけではない。制度会計にこだわる方々は，それではなぜ「経常利益」というものが日本では昔から幅を利かせていたのかご存じだろうか。これは，銀行が「金利を支払ってもまだ余裕があるのかどうか」を見るのに好都合だったからである。要は，前述したメインバンクガバナンスにおいては重要な指標だったのだ。

　だが，時代は変わった。すでに述べたとおり，株主は将来の成長を気にする。制度会計にやたらと将来の見積りやら評価やらが入り込んできているのは偶然ではない。それがよいことかどうかはわからない。アカウンティング自体が

ファイナンスの世界に足を突っ込んでもろくなことはなかろう，と個人的には思うが，だからといって，経営や管理会計を昭和の時代から一歩も進めることなく，制度会計との差異ばかりを気にしているのは最も始末が悪かろう。

　もう1つよく受ける質問がある。「では，金融収益はどうするのだ」ということである。営業外損益の中には金利支払もあるが，金利の受け取りもある。これについては，IFRSでは金融収益として別扱いであるし，米国会計基準でもその他収益に含まれる。銀行とのやり取りや株主からの配当（持分法投資損益ではなく，保有有価証券の運用益）などもある。これも本質に立ち返れば「そんなもの自体存在すべきではない」ということになろう。

　問題になるほど多額の金利を受け取るということは，相当の余剰現預金があるということである。政策保有株式をたくさん持っていれば配当もそれなりのものになろう。不動産を保有していてその賃貸収入なども入ってくるかもしれない。だが，株主としては，そんなものに投資させるために資金を提供したのではない，というのは先にも述べたとおりである。すなわち，「持っているはずのない，持っているべきではない」資産から生まれた利益なのである。したがって，厳しくいえば営業利益から控除すべきだろう。

　ただ，もちろん事業を回すためにも現預金は必要だし，政策保有株式にしてもその保有の是非はともかく，リターンをきちんと計算して資本コスト以上となることを保有の条件としている企業もある。後は，こうした本質を押さえた上で，各企業の実情に照らして妥当な一線を引くことになろう。一般的には事業における営業利益とみなせない要素については，事業ごとには配賦せず，本社勘定に置いておく場合が多い。

▶ROICはアカウンティング，WACCはファイナンス

　もう少し会計の話が続くが我慢していただきたい。先ほどから「企業価値を表すにはROIC-WACCスプレッド」と強調しているが，実は厳密にいうと「リンゴとミカン」を比較しているともいえる。WACCは，先に述べたように純粋にファイナンス上の概念で，「これから先将来投資したとしたら，投資家は

いくらのリターンを見込めるのか」という最低期待収益率である。その分母の計算には，時価が用いられる。有利子負債の時価というのは算出が難しいので簿価で代用する（もともとキャピタルゲインがないので通常はあまり変わらない[2]）が，株主資本に用いるのは時価総額である。

　一方，ROICはアカウンティングの世界の指標である。Rは損益計算書上の利益だし，過去の実績にすぎない。そして分母は簿価である。

　図２−14を見ている分には，同じ分母に基づき計算しているように見えるが，実は分母の大きさは異なるということだ。PBRが１倍以上ある企業の場合には，本来はROICの分母はより大きくなり，すなわちROIC自体はもっと下がることになる。PBRが１倍未満の場合には逆のことが起こるが，その場合にはROIC-WACCスプレッドの大小よりも，PBRが１倍未満（＝解散したほうがまし）ということ自体が問われるだろう。

　さて，こうなると悩ましい。実務上はこの問題に目をつぶり，そのまま「同じ分母だと仮定して」管理している企業が多い。まず導入して資本効率に関して意識的になることのほうがはるかに優先順位が高いので，それについてとやかく言うつもりは毛頭ない。ただ，この点に気づかずに盲目的に管理を推し進めるのも問題なので，頭の片隅にとどめておいていただきたい。将来的に全社のファイナンシャルリテラシーが向上してくれば，「株主資本をあまり使いすぎると事業のリターンに関するハードルが高くなるぞ」という理解をさらに推し進める助けともなろう。

▶誰にとっての投下資本なのか

　先ほども若干触れた「Invested Capital」の意味についてである。投下資本ということだが，誰にとっての投下資本なのか。ここまで行ってきたファイナンス的な説明と整合的なのは，もちろん「債権者と株主が投下した資本」とい

---

(2)　もちろん，大きく変わる場合もありうる。信用リスクが激変したときなどだ。社債のセカンダリーマーケットでは信用リスクに敏感に反応して取引価格が変わるし，銀行など債権者間でも貸出債権を売買しており，このときの売買価格はもちろん時価なので，倒産寸前の企業向け貸出債権などは簿価に対してゼロに近い価格で投げ売りされたりする。

うことだろう。ROEの場合には文句なく「株主資本」に対するリターンを見ており，それによって「株主価値」を考えているわけであるから，ROICにおいて「債権者と株主が投下した資本」に対するリターンを見て，それによって「企業価値」を考えるのは自然なことである。

一方，この「Invested Capital」を，「自社が事業に投下した資本」と捉える場合もある。事業に用いている運転資金と設備資金の合計，バランスシートでいえば売掛金や在庫，固定資産や事業投資，といったものである。

この考え方は別に間違っていない。なぜなら，「債権者と株主が投下した資本」と「事業に用いた資本」は，本質的には一致するはずだからだ。投資家から提供された資金を用いて事業を行い，そのリターンのうち一部は投資家に返し，一部は株主資本として内部留保し再投資する。これだけのことなので，バランスシートの右側と左側は本来は一致するはずである。したがって，どちらを使おうが別に大差はない。

だが，実際には大差が出てくる。そして，その理由はあまりよろしいものではないようにも見える。理由は大別して2つある。1つは，「債権者や株主から得ている資本」を「事業に用いていない」からだ。具体的には現預金や有価証券，不動産投資等々，非事業用資産として積み上がっていることが考えられる。

もう1つの理由は，事業別にROICを把握しようとした場合に，事業別バランスシートの「左」（＝資産）だけしか作っておらず，「右」（＝負債と資本）がわからない状態のまま管理しようとするからだ。これでは，事業リスクに見合った財務構成となっているかがわからず，WACCもわからなくなってしまう。

資産側は制度会計上もセグメント情報などで開示することもあるし，どこの事業部門が何を使っているかを紐づけることはできるので，ある程度分けることはできるのだが，それに対してどの程度の負債と資本を割り当てるのか，というのは難しい問題として立ちはだかる（本書のメインテーマの1つでもあるので後述する）。その難問に取り組んでくれるとまた道も開けようというものだが，多くの企業はこう考える。「資産は按分できているのだから，それに基

づいてROICも計算すればよいのではないか」と。

　別に悪くはない。自社の経営に役立てばよい。ただ，これでは永遠に事業の
リスクと財務構成のバランスを考えることはできなくなる。

　たとえROICが高くとも，それは事業リスクが高いためであり，元手のコス
トも相当高いはずだ。それを経営側が「知らずに済ませる」ことができるだろ
うか。おまけにこれは，外部から計算しようと思えばできてしまう。それを把
握せずにいるから，定性的なイメージだけを述べて「我が社のコングロマリッ
ト・プレミアムをわかってもらっていない」などという寝ぼけた泣き言をいう
経営者が現れるのではなかろうか。

第3章

経営管理の高度化が求められている

　ここまでコーポレートファイナンスの要諦を概観してきた。コーポレートファイナンスの知識は，単に資金調達のために用いるのではなく，実は企業の内部でグループ企業を管理していくために必須の道具であるともいえる。ただ，本書の中心的な課題はファイナンスの解説ではない。これを有効なツールとしてグループの経営管理を行い，事業ポートフォリオを構築して全社戦略を遂行するという，いわばここからが本論である。まずは，企業においてこうした取組みが必要である理由を改めて見てみよう。

 　本社の機能とは何か

■資本市場における投資家と企業経営者との関係

　まず，資本市場における投資家と企業経営者の関係を少しおさらいしておこう。上場といった形などの資金調達行動により結びつきができると，企業経営者は資本市場の投資家に対して説明責任を負う。これが情報開示と言われるものだ。ただ，何でもかんでも情報開示すればよいというものではない。開示してほしいのは以下の3つである。投資家が拠出した資金に関する①運用実績，②運用体制，③運用方針，である。

　「運用実績」が上がっているというのは，企業経営者が過去に設定した将来仮説，すなわち経営戦略が奏功したということである。戦略立案能力と実行能

力があるという証なので，これはやはり知りたい。ただ，好き勝手に出される
と受け手の側は困るので，ルールやフォーマットやタイミングを決めて情報を
出すことになっている。要は会計報告である。

　「運用体制」というのは，一言でいえば「アヤシイ会社ではありません」と
いうことだ。投資家が拠出した資金を持ち逃げしたり，とんでもないことに費
やしてしまったりしないよう，社内での管理体制がきちんとなされているかと
いうことはやはり重要な情報である。最近は，これも内部統制報告書などと
いった形で定型化されてきている。

　さて，投資家として一番知りたいのは「運用方針」である。何といっても投
資家は事業の将来を見込んで投資を行うのであるから，その将来像を経営者が
どのように描いているのかを知りたい。どういう事業にどんな投資を行い，ど
のようなリスクを取ってどのくらいのリターンを挙げようとしているのかとい
うことである。

　これらをきちんと情報開示しないとどうなるか。企業統治の実力行使が働く，
ということになる。こんな企業の株は売ってしまおう，とか，株主総会に行っ
て文句を言ってやる，はたまた株主提案を出してやる，説明責任を果たさない
経営者の取締役選任議案に反対してやる，等々。近年，アクティビストが活発
に行っているように，責任を果たさない経営者に対して「モノを言う」という
ことである。

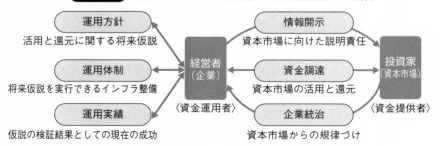

図3−1　資本市場における投資家と企業経営者との関係

■事業ポートフォリオマネジメントが注目される理由

　これら一連の流れを逆から辿っていけば，コーポレートガバナンス・コードへの記載を契機として資本コストと事業ポートフォリオマネジメントに注目が集まった理由もわかる。企業統治を強化するということは情報開示を充実させるということでもある。情報開示してほしい3つの要素の中で，「運用実績」については規則を守るのが好きな国民柄なのか，メインバンクガバナンスの薫陶あらたかなのか，結構ちゃんとやっている（もちろん“不適切”決算のような例外もある）ようだが，「運用方針」と「運用体制」については甚だ心許ない，というのが投資家の心情である。これは**表3－1**に掲げたコーポレートガバナンス・コードの「適切な情報開示と透明性の確保」に関する考え方にも如実に表れている。

　そして，この心許なさは，特に事業を数多く持っている企業において目立つようだ。日本企業は「事業戦略」についてはそれなりに考えるようになってきたが，「全社戦略」がないとよく言われる。全社戦略を考える上では，そのためのデータインフラその他の運用体制が整っていなければならない。投資家が気にする資本コストを上回るリターンを確保しているかを把握できていなければならないし，それができていなければ事業の入替えなどを行える体制になっていなければならない。これが「資本コストを踏まえた事業ポートフォリオマネジメント」が求められる所以である。

表3－1　　コーポレートガバナンス・コード　第3章【基本原則3】考え方

（前略）上場会社は，法令に基づく開示以外の情報提供にも主体的に取り組むべきである。
　更に，我が国の上場会社による情報開示は，計表等については，様式・作成要領などが詳細に定められており比較可能性に優れている一方で，会社の財政状態，経営戦略，リスク，ガバナンスや社会・環境問題に関する事項（いわゆるESG要素）などについて説明等を行ういわゆる非財務情報を巡っては，ひな型的な記述や具体性を欠く記述となっており付加価値に乏しい場合が少なくない，との指摘もある。（後略）

■株主は多角化を嫌う

　多角化企業には，より重大な株主との利益相反もある。身も蓋もなく言い切ってしまえば，「株主は多角化企業が嫌い」である。なぜだろうか。

　株主は，様々な事業に分散投資してリスクを低減しつつ，株式市場を舞台に自らの投資ポートフォリオを構築し，運用している。ポートフォリオの構成要素である各企業の株式は「銘柄」などと，企業にとってはちょっと失礼な名前で呼ばれる。さて，この銘柄の１つが多角化企業だったらどうなるだろうか。株主がせっかく作った投資ポートフォリオのその先に，企業が作った事業ポートフォリオが存在することになる。株主はそれを我慢できない。企業が多角化された事業ポートフォリオを持つことは，投資家が資本市場で投資ポートフォリオを作る阻害要因となるため嫌われるということだ。

　また，全体としては成熟事業をもってそれなりのリターンにとどまっている企業が，傘下に将来有望な事業などを抱えている場合には，それを分離上場でもして，さっさと株主が投資できる環境に置くべきだ，と主張することになる。それができないなら，せめて抱え込んでつぶしてしまうようなオーナーの下で

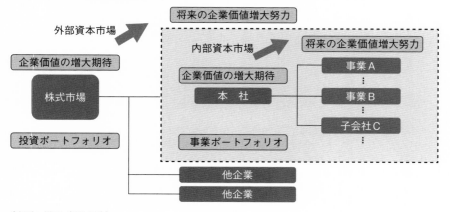

図３−２ 投資ポートフォリオと事業ポートフォリオ

（出所：松田（2019））

はなく，思いっきり成長させられるようなオーナーの下で事業を伸ばすべきだと考える。株主としてはその最も良い環境は自分たちが直接投資できること，すなわち上場だと思っているわけなのだが，そこまでいかずとも，しっかり成長させられるようなオーナーが他にいるならさっさと譲ったらよいと思っている。これが「ベストオーナー」の議論である。これについては後述する。

　なお，この項で「株主」と呼んでいることに留意してほしい。先に見たとおり，債権者にはこうした発想はない。

■企業が多角化を正当化できるとき

　一方で，企業にしてみれば自らが育てた事業なのだから，自社がベストオーナーに決まっている，という思いもある。また，全社で考えても，1つの事業だけをひたすら追い求めるというのは専業リスクが高まる。事業が成熟して衰退期を迎えるのを指をくわえて見ているわけにもいかない。次の成長の種を見つけて育てていきたいと思っている。こうした企業が株主に対して多角化を正当化するためには，どうしたらよいだろうか。

　少なくとも2つの条件が必要である。1つは，企業内での階層的な統治が市場による統治よりも有効であることである。株主が投資ポートフォリオを組み，それに従って投資を行い，成果評価をして次につなげるようなアクションを取っている，そのような外部の株式市場を「外部資本市場」という。これと対比させて，企業内の本社が事業ポートフォリオを組み，それに従って投資を行い，業績評価をして次につなげるようなアクションを取るような企業内の働きを「内部資本市場」ともいう。この内部資本市場が，少なくとも傘下の事業については外部資本市場よりも優れていることが求められる。本社の役割としては「投資家的機能」が必要ということだ。

　もう1つは，事業間のシナジーが成り立っていることである。投資家がいくら投資ポートフォリオを作ったとしても，彼らはその投資銘柄間のシナジーを実現することはできない。しかし，企業であれば1＋1＝3にできるかもしれない。本社の役割としては「連携支援機能」を発揮すべしということになる。

　おまけとしてもう1つ。こうしたシナジーは，グループとして総合力を発揮することで可能になるかもしれない。強いブランド力や知名度をグループとして持っている，などである。こうした力を発揮するためには，グループとしてのアイデンティティをよほど強く持たなければならない。本社の役割としては「グループ統括機能」とでもいおうか。

　つまり，本社が投資家以上に投資家的機能を発揮することができ，事業間にシナジーを生み出す連携機能を活用でき，しかもグループ一体として強いアイデンティティを保持しているということは多角化を存続させる条件ともいえる。そして，これらはそのまま，本社のなすべき役割でもある。

図3-3　本社の役割

見極める力	経営資源配分	・各事業の将来を見定め，事業ポートフォリオをどのように作るか ・全体的な投資方針の決定と各事業の見極め，メリハリづけ
	経営資源配分 基盤整備	・各事業を評価できる基盤をどのように運営するか ・組織構造の設計，マネジメントサイクルの運営，必要なインフラ整備
連ねる力	事業推進 （ポートフォリオの入替）	・新規に行うべき事業・撤退すべき事業に関する見定め，入替の実行 ・インキュベーション，R&D，M&A，事業再生，撤退支援等の機能充実
	事業推進 （シナジーの発揮）	・事業横断的な働きかけ ・事業横断的に進めるべき競争優位性の追求と必要な機能充実
束ねる力	グループ アイデンティティ	・グループの代表として「全体を1つに方向づける」役割 ・共有すべきミッション・バリューの確立とアイデンティティの伝達
	経営資源調達	・ヒト・モノ・カネ・情報を外部市場からいかに効率的・効果的に調達するか ・事業の状況に応じた最適化

（出所：松田（2019））

■コングロマリット・ディスカウント

　ちなみに，「資本コストを踏まえた事業ポートフォリオマネジメント」ができていないとどうなるだろうか。簡単にいえば，コングロマリット・ディスカウントが発生するだろう。コングロマリット・ディスカウントとは，企業全体の価値が，個別の事業の価値の合計よりも低くなってしまう状態のことである。そのような場合，株主としては，本社の投資家能力が低いのか，シナジーが出せないのか，といったことを考えざるを得ない。「内部資本市場に任せておい

ても価値は増えないから，外部資本市場に任せたほうがよい」という提案をすることもありうる。

　こうした状態に陥っているかどうかは，外部からでもすぐわかる。実際にはそんなに簡単に割り切れるものではないが，株式市場のアナリストたちは始終こうしたチェックを行っている。事業ごとの事業価値を推定し，その単純合計と企業全体の時価総額を比較するということだ。これをSum of the Parts Analysis（SOTP）という。外部からも事業部門の価値を推測することはできるので，勝手に計算されてしまっているということだ。

　「単純合計すれば100の価値があるところ，70の時価総額しかついていない」ならばあなたの会社はコングロマリット・ディスカウントの状態にある。この乖離は何を意味するかというと，先ほど見た「本社が投資家としてより有能であること」もしくは「事業間にシナジーが生まれていること」，おまけに「グループとしてのブランドなど強大な価値が生まれていること」のどれも満たしておらず，単純合計して得られる事業価値をどこかで毀損してしまっている，

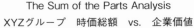

図3−4　コングロマリット・ディスカウント

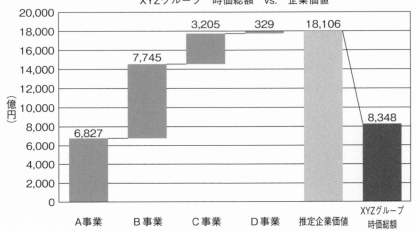

と少なくとも株式市場からは見られているということだ。この場合，経営者の描く多角化戦略自体が否定されたり，傘下の事業を手放すよう提案がなされたりすることになる。

　一方，「単純合計すると100の価値しかないが，時価総額は140ある」という企業はこの逆，コングロマリット・プレミアムの状態にあるということだ。これは本社としてはうれしいニュースである。「本社が投資家としてより有能であること」もしくは「事業間にシナジーが生まれていること」，おまけに「グループとしてのブランドなど強大な価値が生まれていること」が満たされて単純合計以上の価値が生まれているということの証左だからだ。

　蛇足ながら，こうした計算をもう少し精緻にやってほしいものだと思うならば，事業会社のできることはただ1つ，誠実に前向きに事業に関する情報開示をしていくことだ。投資家は，リスクがわからない場合には，必ず最大に見積る。「実状がわからない」「何考えているんだかわからない」リスクを少しでも減らすことで，コングロマリット・ディスカウントは減らすことができる。これも本社の仕事の1つである。

 ## 事業ポートフォリオマネジメントの実際

■経営者の片腕としての本社

　さて，ここまで見てくると本社の役割の重要性も実感できるのではないだろうか。本社は外部投資家以上に有能な「内部投資家」であらねばならず，事業間のシナジー発揮にも努めなければならない。加えて，グループ全体を統合する役割も担っている。「ウチの会社の本社はそんなに強くない」と思われる方もいらっしゃるだろう。それもそのはず，日本では従来事業部門の力が強大だった。

　その理由はすでに述べたとおりだが，この関係は今や大きく変わろうとしている。何といってもグループを統べる経営トップの力が強大になってきている

からだ。強大にならないとこの先生き残れない，というほうが正確かもしれない。環境変化が穏やかであるならば，日々行われるオペレーションの細部を磨くことにエクセレンスが宿る。凪いだ海で舟を漕いでいれば，波に任せて揺られるがまま，網のメンテナンスに精を出しているほうがよい。今日と同じ明日が続くことが確信できる平和な眺めである。

　しかし，今はそういう時代ではない。台風がいくつも押し寄せる荒波の中，生きて陸に辿り着けるかどうかもわからない。こういうときには船長の力量が命運を決める。もしかしたらマストを切り倒さなければならないかもしれないし，積み荷も捨てなければならないかもしれない。そうした困難な局面におけるトップの意思決定が今後を左右するということだ。ついでにいえば，トップに負うところが大きくなってきたからこそ，そのマネジメントを規律づけるためにはガバナンスも強化せざるを得ないということでもある。

　とはいえ，トップマネジメント1人では物事は動かない。片腕となって働いてくれるブレーン，経営の意思決定をサポートするプラットフォームが必要だ。現在求められる本社の役割はまさにこれである。しかし，ヒト・モノ・カネ・情報，すべてにおいてまだ強靱なプラットフォームは構築途上である。ゆえに，ガバナンスを担う側も心配でたまらず，ついうるさく口を出すので，「資本コストを踏まえた事業ポートフォリオマネジメント」というカネのプラットフォームや，「人的資本や知的財産への投資」といったヒトのプラットフォーム，さらには「デジタルトランスフォーメーションの進展，サイバーセキュリティ」といった情報のプラットフォーム，「サプライチェーン全体での公正・適正な取引」といったモノのプラットフォームに至るまで，事細かにコーポレートガバナンス・コードや投資家と企業の対話ガイドラインに書き込まれることになるのだ。

　その是非はともかく，本社改革は急務である。本書ではその中でもカネのプラットフォーム，すなわち「資本コストを踏まえた事業ポートフォリオマネジメント」の構築に焦点を当てているので，これ以上は寄り道しないで先に進むことにしよう。

図3-5 現在求められる本社とは何か

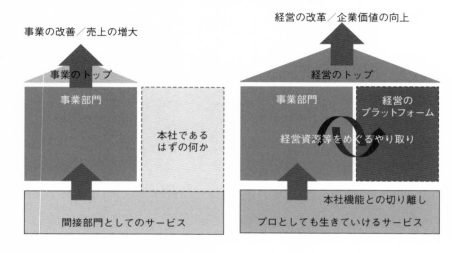

以前のカイシャ組織　　　　　　現在求められる組織

■投資家的機能をどう発揮するか

　本社が投資家的機能を発揮する「グループ内投資家」であるならば，事業部門はさしづめ「グループ内企業家」であろう。この二者の関係を有効に機能させるためには，実際の資本市場と企業経営者との関係を援用するのが効果的だ。先に見たように，投資家は自らのポートフォリオ戦略を構築し，企業家に対する投資家としての期待値を示す。一方，企業家は事業戦略を構築し，その内容を投資家に情報開示，すなわち説明を行う。

　その説明に納得すれば，必要な経営資源（資本市場の場合はカネ）を供給する。そして，事業戦略が遂行されていく成果をモニタリングし，しかるべきフィードバックを行うことになる。

　一連の流れにおけるモノサシはすべて同一で，企業価値である。言い換えれば，投資に対するリスクとリターンだ。

Ⅲ　事業ポートフォリオマネジメントにおける問題

　グループ内投資家とグループ内企業家をうまく機能させるためには，投下資本とリスクとリターンに関する双方の理解が必要になる。ところが，このあたりの仕組みや仕掛けは問題山積である。これを繙くのが本書のテーマでもあるので，まずは全貌をご覧いただきたい。皆さんの会社は，図３−６のような悪循環に陥っていないだろうか。

　図３−６の中心にある，事業価値を把握し，企業価値につなげてコングロマリット・ディスカウントの有無を明確にしたいというのが，事業ポートフォリオマネジメントの目指すところであり，これらについてはすでに見てきた。こ

図３−６　事業ポートフォリオマネジメントにおける問題

事業面
- 経営理念に始まる基本の軸が不明確
- 事業別の将来予測が戦略となっていない
- 事業別ファイナンシャル・プロジェクションがない
- 事業別フリーキャッシュフローがわからない

財務面
- 経営管理のデータインフラが整わない
- 事業別投下資本がわからない
- 事業別バランスシートができない
- 事業別資本コストがわからない

- 事業別の事業価値がわからない
- 企業価値がわからない
- コングロマリットディスカウントがわからない

- 事業戦略が作れない
- 全社戦略が作れない

- 資本投下の意思決定ができない
- マネジメントサイクルが回せない

- アクティビストの標的になりかねない
- 投資家との対話がうまくいかない
- 株価下落の原因となりかねない

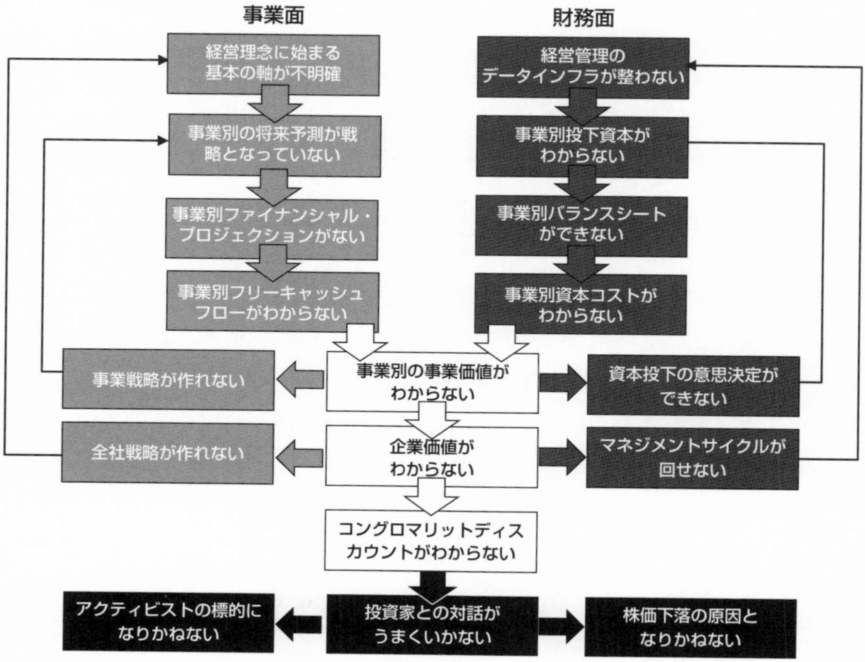

　れらが整わなければ投資家との対話がうまくいかず，もともと多角化には批判的な株主からの批判が高まり，株価の低迷やアクティビストの介入を招くことも自明だろう。ここからは，そうなってしまう原因に目を向け，その解決を目指したい。

　まず，事業側を見てみると，そもそも企業理念から全社戦略に至るまで「会社の目指すべきところが不明確」といった病巣が目につく。最近，「パーパス」といった言葉が注目されているのは，これまでいかにそれが語られてこなかったかという証左でもある。目指すところがなければ，骨太な将来に向けた戦略ストーリーも描けない。また，何とか定性的な将来の絵図を描いたとしても，それを定量化してファイナンシャル・プロジェクションに落とさないので，本当にその事業が将来キャッシュフローを生み出すのかといった建設的な議論ができない。事業価値を計算するためには，前述したDCF法で考えれば，大まかに言ってリターンの多寡を表すフリーキャッシュフローと，リスクの多寡を表す資本コストが必要な原材料となるわけだが，前者が不明という困った事態となるわけだ。

　では後者はどうかというと，こちらも悩ましい。財務側の問題は，ここまで見てきたような問題が山積みである。PL脳的な管理会計しかないので，投下資本を把握できず，したがって事業別のバランスシートも作れず，資本コストもわからない。

　当然ながら企業価値もわからないし，コングロマリット・ディスカウントの有無も検証できない。このままでは事業戦略の妥当性を検証することもできず，それらを見据えて全社戦略を作ることもできない。事業への資本投下の是非を判断することもできず，せっかく立てた将来像が実現されているかといったモニタリングもできない。マネジメントのサイクルが回せないのだ。

　どうすればよいのだろうか。問題の根本から解決したいものである。事業においては事業戦略を描いて定量的に議論できるところまで詰める，財務においてはデータインフラを構築して資本効率性を可視化する，というところまで辿り着きたい。その上で，全社戦略を考えてマネジメントサイクルを回すことに

なる。ここから先は，それらについて見ていこう。まずは，これまでの話の続きとして考えやすい財務的な問題についてである。

問題はバランスシートである

■投下資本を把握していない

　そもそも各事業にどのくらいおカネを投下したのかわかっていない，という事態が意外に多く見られる。投下資本が把握できていないということだ。事業別の売上も，利益もわかるのに，事業別の投下資本はわからず，事業リスクも把握されていないため，それに基づいた財務構成も作ることができない。とすれば，当然ながら事業別の加重平均資本コストも算定できず，それを上回るリターンを挙げたかも定かでない。すなわち，どの事業がどのくらい事業価値を上げて，全体としての企業価値向上に貢献したかもわからないということだ。図1－4で見たようなデータインフラがないということだ。それなのに資本市場に向けて「企業価値向上を目指します」などと約束してしまっていいのだろうか，いやできるのだろうか。外部の投資家などには企業価値向上を謳ってみても，内部ではそれが管理どころか把握もできていない，というのはちょっと情けない気もする。

　投下資本はわかっても，それに対応する負債と資本の割合が不明という場合も多くある。事業リスクと財務レバレッジの関係を全く考慮していないこともある。事業リスクが高いのにやたらと借金を背負っていたり，これからの成長株だというのにろくに株主資本を積んでいなかったりする。これらを可視化することができなければ，ポートフォリオマネジメントをする上では大きな弊害になる。

　中には，「そこまでやらなくても管理はできるし，事業部門にそのような財務の話を理解させるのは大変だ」という企業もある。しかし，百歩譲って事業部門に考えさせなくてもいいということであっても，だからといって本社がわ

かっていなくてよいということにはならないだろう。少なくとも本社において
はどこの事業がどの程度株主資本を使っていて，そのコストを上回るリターン
を挙げているのかを把握しているのは当然のこととなろう。また今後は，事業
部門のトップを率いるような責任者がこの程度の財務を理解していないという
「ファイナンシャルリテラシーの欠落」は許されなくなってくるだろう。

■資本コストがわからない

　投下資本がわからず，負債と資本と対応もしていないということは，その事
業に課されるハードル・レートすなわち資本コストもわからないということだ。
こうした企業では，成長はもう望めないが，伝統的に保守本流の中核事業が株
主資本を大量に握って離さない，というケースがよくある。株主資本コストは
高いので，事業によるリターンがあまり見込めないところが大量に株主資本を
保有すると逆ザヤ，つまり企業価値を毀損することになる。

　例えば，100億円の資産に対してリターンが３％しか見込めないような事業
が，同じ額を調達するのに10％ものコストをかけていたとしたらどうだろう。
毎年７億円も逆ザヤによる損が発生する。実際には，資本コストは機会費用な
のでこの説明はちょっと乱暴だが，例えば同じ10％のコストをかけて調達した
資金を，20％のリターンを挙げられる事業に投資できていたとしたら，３％の
リターンしか挙げられない事業に投資しているのと比べて，実に毎年17億円も
みすみす失っていることになる。当然，株主還元の大きさも異なってくるだろ
う。こうした機会損失に投資家は耐えられない。

　だが，使っている元手にはコストがかかっているのだ，という意識がなけれ
ばこうなってしまう。前述のとおり，メインバンクガバナンスの下で銀行が鷹
揚に資金を提供してくれた時代が長く続いたことにより，事業を推進する側に
は未だに「おカネは天から降ってくるもの，地から湧いてくるもの」といった
意識がある。事業を行うための元手にはおカネがかかっているのだ。そのコス
トの高低を明確にハードル・レートとして示せなければ，経営管理は絵に描い
た餅になってしまう。

■バランスシートの作成

　投下資本とそれに対応する負債・資本，およびそのコストを把握するために必要なのは，バランスシートである。前述のような経営管理を行おうとしたときに，直面するのが事業部別のバランスシートがないという問題だ。

　身も蓋もない結論で恐縮だが，事業別のバランスシートはなければ作るしかない。ただ，間違ってもここで制度会計的なバランスシートを思い出し，その困難さに天を仰がないでほしい。ここでの要点は「制度会計的に正しいバランスシートを作ろうとしない」ことである。有価証券報告書を作成するのと同じレベルで事に挑んでも，いつまで経っても完成はしない。

　日本企業は「制度会計」には大変力を入れるが，「管理会計」を苦手としているのは先述のとおりである。唯一得意なのは原価計算だろうが，今はそれよりはるかに大事な「企業全体の価値」についてのコントロールが求められている。そこでのデータが竹槍に近いというのは致命的である。

　だからといって，制度会計の頭のまま管理会計に踏み込もうとすると，どうしても前者に引っ張られてしまいがちである。とにかく正確なバランスシートを作成しようと時間ばかりかけてはや３年，という企業は巷に多くある。だが，その３年のうちに株主の視線はますます厳しくなっている。もはや猶予はない。一方で，これまで必要性など意識さえしていなかったような企業がいきなり正確性を求めてもそれは無理というものだ。割り切ってまずは「ざっくり」と，しかし「迅速に」進めるのがカギである。

■負債と資本の配賦

　ざっくりとバランスシートを作るといっても，その左側，すなわち資産の状況については事業に紐づけるなどして，それほど無理なく作成できるだろう。運転資金も同様である。問題は負債と資本の配賦だ。具体的な事例については実務編（**第6章**）を見ていただきたいが，ここでは先述したとおり「事業リスクが高いのであれば株主資本を厚めに持たせてカバーする」のが基本である。

　いくつか手法を挙げてみたい。拙著（松田，2019）において著者が独自にまとめたものだが，経済産業省 事業再編研究会（2020）の報告書（「別紙：事業セグメントごとの貸借対照表の作成方法と資本コストの算定方法」）においても同書を基に説明されているので，それに沿って見てみよう。手法の具体的な活用は**第6章**に譲る。また，損益計算書方式については現実の使用可能性が低いため割愛する。ここでは，負債と資本の配賦に絞って，基本的な考え方を載せておく。

表3-2　負債と資本の配賦

分類3	概要	メリット	デメリット
1. 損益計算書方式	損益構造から事業リスクを判断して配賦	PLから考えるのでわかりやすい	実際には紐づけるのが難しい 事業資産配賦にはあまり役に立たない
2. 資産レバレッジ方式	資産に掛け目をかけて必要資本を推定	資産が持つリスクを反映できる 比較的簡単	資産掛け目をどうするかの検討が必要
3. ベンチマーク方式	業種平均や競合に資本構成を合わせる（財務もしくはマーケットデータ）	業種特性としてのリスクを反映できる 比較的簡単	何を比較対象とするかによって変わる
4. 実績配賦方式	過去に遡って株主資本に利益繰り入れ	過去実績に基づいているので，事業側の納得感は高い	配賦したくないところに株主資本が配賦されがち
5. 資産総分類方式	すべての資産を事業に紐づける	経理的な意味での納得感は高い	とてつもなく時間がかかる（わりに使えない） 負債資本配賦には役立たない

(出所：松田（2019）)

　まず1つ目は，資産レバレッジ方式である。各資産に一定の掛け目をかけて負債と株主資本の割合を決定する方法を指す。この方法は，事業ごとに資産が割り付けられていることを前提に，資産ごとのリスクに見合った掛け目をかけて負債と株主資本の割合を推計する考え方である。

　例えば，ある企業のＡ部門が営業努力により，在庫を売掛債権に変えた場合には，株主資本への圧力が減るものと考えて低い掛け目をかけることになる。その上で，掛け目をかけて得られたリスクの量だけ株主資本を振り分ける。在庫については余剰在庫となるリスクを見込んで，例えば掛け目は40％（100億円の在庫があれば40億円の株主資本を積む）ということになり，売掛債権であれば換金性も高いのでもう少しリスクが少なくなって例えば掛け目は15％で済む，という考え方である。銀行で行われているリスクアセットの考え方と同じである。

　2つ目は，ベンチマーク方式である。同業他社や競合企業と類似の資本構成を取ることで負債と株主資本の割合を決定する方法を指す。この方法は，同業他社や競合企業は同程度の財務リスクを抱えているとみなして，その数値を参考にして負債と株主資本の割合を推計することになる。

　最後は，実績配賦方式である。事業セグメントごとのPLを基に過去の一定期間における純利益額の合計値を算出し，その割合に応じて株主資本を割り付ける方法を指す。この方式は，PL上の「純利益」（の一部）がBS上の「純資産」の形成に寄与したと考え，各部門が生み出した「純利益」の割合に応じて「純資産」を割り当てる考え方である。

　いくつも手法があるということは，決定打がないということだ。実績配賦をすれば，先に見たように，過去の主流だったがもはや成長を見込めないような，なるべく経営資源を引きはがしたい部門に手厚く株主資本が配られることになる。資産レバレッジはわかりやすいが，どの資産にどういう掛け目を用いるのかが問題となる。ベンチマーク方式は実際のマーケットデータを使うので説得力があるが，「本当にそれって同業他社？」という問題が常に付きまとう。結局のところ，いくつかの手法を同時並行的に試してみて，落ちどころを探ることになる。

　加えて悩ましいのは，どの事業部門もおそらく結果に納得しないだろうということだ。特に，企業内で保守本流だと自認しているような部門は，大概の場合，過去からの蓄積を考慮した実績配賦方式で計算してみると，これまでの利

益が資本として内部留保され，株主資本比率の高い状況になりがちである。これを「資本コストが高すぎる」と捉えてくれればよいのだが，「無借金経営が一番」などと思われてしまうと，この株主資本を手放してくれなくなる。

　保守本流だが成熟事業でローリスク・ローリターンなのであれば，あまり株主資本を厚めに積むより，適度に負債のレバレッジをかけたほうが資本コストは下がり，企業価値は上がる。また，その部門が蓄積してきた経営資源は，そろそろ新しい成長の芽を伸ばせる分野に配分し直さなければならない。ファイナンスの観点から，あるいは全社最適の観点からの見方を十分に伝えて理解を得るプロセスが必要なことも多いプロセスである。

■作業と考えると大やけどをする

　多くの場合，このプロセスを「経理的な作業プロセス」と捉えていることも混乱に拍車をかける。これはそうした「粛々と行うべき」話ではない。下世話な言葉を使えば，ここで繰り広げられるのは「経営資源の分捕り合戦」である。日本のように事業部門が強いことが多い場合には，この合戦は熾烈を極める。どこの事業部門に経営資源をどのくらい配分しようか，というのを決めるのである。しかも，部門のトップのファイナンシャルリテラシーは一般的にそれほど高くない。とすれば，混乱は目に見えているだろう。

　したがって，この「事業別バランスシート策定」というプロセスは，建前上はいかにも作業といった静態的なプロセスの顔をしているが，本来は極めて動態的，政治的な戦いの場である。こんなところに草食的なタイプの担当者がのこのこと数字だけ持っていって「これでいいですか」などと機械的に聞こうものなら，海千山千の肉食的な事業のトップに捕って食われて終わりだろう。

　では，どうすればよいのか。絶対に必要なのは企業トップのリーダーシップである。この件については必ずやりきる，しかも迅速に，ということを強く打ち出し，経営資源配分方針について事業のトップを納得させることが不可欠である。意外に難しいのは，経営トップともなればさすがにそれなりのファイナンシャルリテラシーを持っているのだが，事業トップは「まるで頓珍漢」なこ

とも多いので，そもそもの話が通じにくいことだ。

　だが，もういい加減にそうした勉強不足の事業トップには去ってもらうべき時期である。事業を行うトップ皆が皆，財務担当役員のように冷静で無機質だったらそれはそれで困るが，別に財務の専門家になれというわけではない。経営者として最低限の財務の知識くらいは頭に入れておいてほしいということである。このあたりは，日本企業の経営者人材育成やコーポレートガバナンスの議論につながっているのだが，こちらは別の機会に譲ることにしよう。

　トップに大号令を発してもらったら，次に来るのは「さっさと数字は作る」ということである。何年もかけていればトップも含めて熱意も冷める。せいぜい何ヶ月の単位で終了させてほしい。できれば3ヶ月以内，理想的には1.5ヶ月以内で何とかしていただきたい。逆にいえば，その期間でできるぐらいの「ざっくり」度でよいということだ。それで一度回してみて，問題があれば改善していけばよい。いい加減に聞こえるかもしれないが，これが最も実効性がある。ただ，実行と改善のサイクルがもたついてはならない。これもさっさと進める。アプリケーションやゲームの開発で何度もβ版を作っては直すのと同じような試行方法を行っていくにつれ，企業内での認知やファイナンシャルリテラシーも上がっていく。

Ⅴ　β値の推定

　バランスシートが策定され，それに負債と資本が割り振られれば山は越えている。後は面倒くさい作業をもう少しするだけである。面倒くさい作業の筆頭は，事業別に資本コストを割り振ることだ。ここでは，すでに見た加重平均資本コストの算定方法がそのまま使える。ただ，1つだけ悩ましい点がある。株主資本コストを推計するにあたって，上場企業ではないのでβ値が存在しない点だ。これは，事業部門だけではなく，非上場企業の資本コストを推計する場合にも共通の悩みである。

■ β値を推計する

　こうした場合には，事業リスクが似ている上場類似企業のβ値から推計を行う。ただ，ここで気をつけなくてはいけないことは，いくら上場する類似企業の情報を集めてきたところで，そのままでは使えないということだ。

　上場類似企業の負債資本構成はそれぞれ異なる。調べたい事業部門の負債資本構成がそれらと全く同じであればいいのだが，そうとは限らない。したがって，一度各企業のβ値の中から，純粋に事業リスクだけを表している分を抜き出し，それに改めて調べたい事業部門の負債資本構成を当てはめてみる，ということをせざるを得ない。通常，資本市場情報として提供されるβ値が表しているのは，事業リスクと財務リスクの合計である。この財務リスク部分をいったん消し去ってから，改めて調べたい事業の負債資本構成にあわせる，という作業が必要になる。これについても詳細は**第6章**に譲り，ここでは基本となる考え方を示す。

■ レバードベータ

　具体的にどうするかというと，まずは資本市場における類似企業各社のβ値と，株主資本および有利子負債の割合に関する情報を集めてくる。ここで取ってきたβ値は，上で述べた「事業リスクと財務リスクの合計」を表すβ値である。資本市場の情報として取れるこのβ値を，詳しくはレバードベータという。有利子負債も勘案した（すなわちレバレッジをかけた），現実の世界でのベータということだ。これは，そのままでは平均することができない。それぞれの土台となる財務構成が異なっているからだ。この財務構成の影響を除いて，純粋に事業のリスクだけを反映したβ値を計算する必要がある。このレバードベータを，有利子負債の影響が一切ない（すなわちレバレッジをかけていない状態の）β値に変換する。この作業をアンレバード化といい，この時点でのベータをアンレバードベータという。

■アンレバードベータ

アンレバードベータは同じ土台，すなわち有利子負債が全くないという同じ財務構成の下でのベータなので，平均することで，その事業の事業リスクだけを表したβ値を得ることができる。しかし，残念ながらここで終わりではない。当該事業における財務構成を反映させなければならないからだ。その事業に割り振った負債と資本の構成に合わせて，再度レバードベータに直す。これをリレバード化などという。

こうして，各事業別の資本コスト，言い換えれば事業部門に要求するハードル・レートを明らかにすることができる。

ちなみに，本来は負債のコストについても同様の推計をすることになるが，実際には大きな差がつきにくく，一方で推計しにくいことからあまりなされない。負債の多寡に基づく信用リスクを反映させて負債コストを決めるのが一般的である。具体的には，自社全体にかかる負債コストをある程度の幅をもって

図3-7　β値の変換

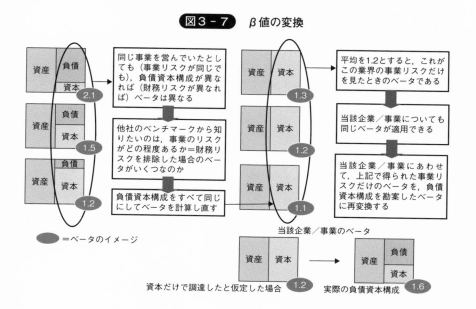

散らすといったことである。

 Ⅵ 社内への浸透

■腹落ちするまで社内への浸透を図る

　ここまで来てようやく，最初に**図１－４**で見た事業別の事業価値がわかる経営管理のプラットフォームが完成したことになる。個々の事業がどれほどの売上や利益を挙げているかだけではなく，どのくらいの元手を使っているのか，資本コスト割れしていないか，企業価値の向上にどれほど寄与しているのか，といったことが数字で示されることにより，経営判断も「PL脳」から抜け出して，一段高度化することだろう。

　ただ，活用するにあたってはいくつか留意していただきたい点がある。１つは，こうしたプラットフォームに使われる考え方を，しっかり社内に浸透させていくことの必要性である。経営企画部門や財務・経理部門のみがわかった気になってこれらの指標を振り回しているだけでは，社内の誰もついてこない。啓蒙活動が必要である。この啓蒙活動にも２種類ある。①コーポレートファイナンスの基礎については，少なくとも経営人材として育成されるべき層については満遍なく身につけさせる，②プラットフォームにおいて具体的に使われる指標，例えばROICなどを全社に浸透させるためには，しっかりとブレイクダウンして，現場の隅々でもわかるアクションにまで落とし込ませる，ことである。

　①については，単純にこれまでの日本企業が「やらなすぎた」といえよう。繰り返しになるが，メインバンクに支えられていた時代には，企業の中でコーポレートファイナンスについて学ばなくても特に問題はなかったのである。財務部門に属するごくひと握りの専門家たちが，銀行と付き合う上で必要な知識を身につけていればよかった。

　だが，よくよく考えれば，経営というのは「ヒト，モノ，カネ，情報」とい

う資源を扱う領域である。モノについてはやたらと詳しいが，それ以外について
は専門家任せという「経営者」もどきを大量生産していたのが昭和の時代
だったかもしれない。それで済めばよかったのだが，当然今はそういう時代で
はない。カネだけではなく，ヒトや情報について疎い経営者も今や存在しえな
い。近い将来，MBA（経営学修士）レベルの経営知識を持たないような経営
者は少なくとも大企業には存在しなくなるだろうが，MBAで学ぶいろはの
「い」の1つがコーポレートファイナンスである。何も難しい数理ファイナン
スに頭を突っ込めというのではない。本書程度の基礎は，経営人材であるなら
身につけておくのがもはや当然ということだ。

　②については，企業の成功指標についての考え方の浸透である。これができ
なかったために，過去にEVAを入れた多くの企業は失敗したのではないかと
思われる。EVAにしてもROICにしても，そのままでは現場で働く人々にはピ
ンとこない面もある。したがって，まず会計的に分解して，どのドライバに効
くのかということを理解してもらわなければならないが，実はそれだけでは不
十分である。例えば工場勤めの方々が毎日行動するその内容にまで落とし込み，
できたかどうかフィードバックするような仕組みにまで落ちていなければ，
しょせん「頭でわかっても腹落ちしない」ので，いつしか忘れ去られていく。
おざなりな研修や表面的なハンドブックでは用をなさない。腹落ちさせるまで
徹底することが重要である。

■具体的事例に見る落とし込み

　啓蒙活動については例を挙げておいたほうがわかりやすいかもしれない。1
つは，ピジョンの事例である。同社は現在でもEVAを同社なりに改善した
PVAを用いていることで有名である。その社内浸透に際しては，トップ自ら
が陣頭に立って徹底的に行っている。インタビュー内容を下記に掲げておく。

〔財務情報の使い方〕

　松田：（ピジョンでは）財務情報についても，「PVA（Pigeon Value Added：みなし税引後営業利益－資本コスト）」という独自の経営指標を使われていたり，その使い方やフィードバックの方法がよく見えるかたちで説明されています。
（中略）

　山下：コーポレートガバナンスの目的が中長期的な企業価値の向上である以上，その「企業価値」が何であるかを定義せずにガバナンスを向上させることは考えられないと思います。（中略）企業価値は社会価値と経済価値の2つから成り立っているという自分なりの結論に至りました。社会価値とは，まさに，「なくてはならない会社」になるということであり，経済価値とは，端的にいえば株価ですが，株価は必ずしも業績と連動しない場合があります。そこで，中長期的なフリー・キャッシュフロー（FCF）を現在価値に割り戻した合計，と定義しました。中長期的に見れば企業の経済価値はここに収斂すると私は信じています。（中略）

　（経済価値＝株価というのは）狭義の企業価値だといわれる方もいらっしゃるんですが，実は，中期経営計画を発表するときにFCFの公式に当てはめて計算したところ，1年目でそのとおりになりました。もちろん狭義は狭義なんですけれども，まさに，今，何をしたらよいかを示してくれている指標なんだと思います。

　　　FCF＝NOPAT[※]

　　　　　＋減価償却費

　　　　　－投資額

　　　　　－運転資本の増加額

　　　　　（※）Net Operating Profit After Tax：税引後営業利益

　山下：この公式を見たときに，足すものが減価償却費ということは，投資をしないと減価償却費は減りますから，当然FCFも減ってしまいます。また，引くものの1つが投資です。では投資をしなければいいのかというと，もちろん単年度で見れば投資をしないほうがFCFは増えますが，中長期的な企業価値の向上を考

えると，投資をしなければ中長期のFCFは増えません。残ったマイナスの1つである運転資本の増加額は，当然ですが，減ればFCFは増えます。

■資本コストを意識した経営

松田：投資という点では，資本コストはどのように考えられているのですか。

山下：おっしゃるとおり重要なところですね。ROEや資本コストを意識した経営が問われる時代になってきたので，どんなものにも投資するようなことは認められません。ピジョンでは，10年ほど前からハードル・レートをWACC（Weighted Average Cost of Capital：加重平均資本コスト）5％をベースに国内の事業は5％，海外の事業は10％と決めています。

松田：今なすべきことがFCFの公式から導かれるということですね。

山下：その意味では，何といっても，経済価値に最も影響があるのはNOPATです。NOPATを上げるためにはどういう戦略をとればいいのかをまずははっきりさせればよいのです。その後に引かれるもの，つまり，将来効率的にキャッシュを生み出しそうな筋の良い投資と運転資本の増加額を小さくしないと，資本生産性が低いと投資家からみなされますから，その点を意識して行動するだけです。そして，そうした資本コストを上回る企業価値の向上・創造を「PVA（Pigeon Value Added：みなし税引後営業利益－資本コスト）」として独自に指標化し，またそうした指標等の改善の進捗を，恥ずかしながらオープンにしています。3年で少しずつ浸透してきたと考えています。

■勉強会で社員への浸透を図る──「Pigeon Way meeting」

松田：3年で浸透したというのはある意味すごいことだと思います。経理や財務部門の方から，資本市場目線で企業価値を上げるための指標を入れても，誰もわかってくれない，浸透しないというお話をよく聞きます。

山下：我々は営業支店をまわって，「Pigeon Way meeting」という勉強会を実施し，そうした考え方の浸透を図っています。当社の営業パーソンは，投下資本もPVAも説明できるように徹底されています。もちろんそれは，「NOPAT－投

80

下資本×WACC」といった式を覚えるということだけを意味しません。「投下資本
とは何か」と質問すると，最初は「貸方の有利子負債と純資産です」という答え
になるわけですが，これを繰り返すうちにそれぞれが自分の言葉で説明できるよ
うになります。（中略）そういう取組みをし続けたことで，営業担当の「Pigeon
Way Story」の中で，「今まで長い回収期間で取引をしていたお客さんと交渉して，
反発を受けたけれども，回収期間を30日短くできました」という話を聞いたとき
はうれしかったですね。

（松田千恵子編著『経営改革の教室』中央経済社，2020年，89〜92頁）

　もう1つ事例を挙げておこう。事業ポートフォリオマネジメントでは先進事
例としてよく取り上げられるオムロンである。同社は，統合報告書において事
業ポートフォリオマネジメントや投資判断をどのように行っているかについて
明瞭に説明しており，その中でROICをどのように分解してどこまで落とし込
むかということを明らかにしている。

図3-8　オムロンにおけるROICの分解

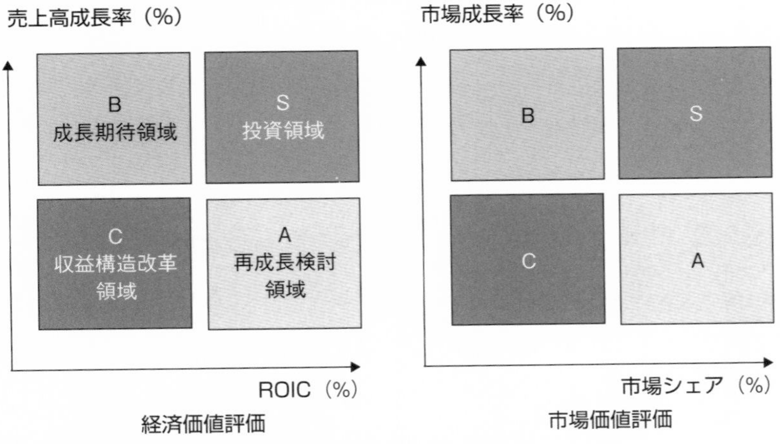

（出所：オムロン㈱「統合レポート2018」（2018年3月期）を基に作成）

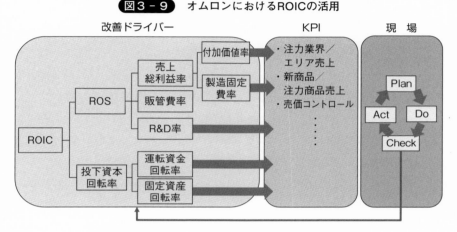

図3－9　オムロンにおけるROICの活用

（出所：オムロン㈱「統合レポート2018」（2018年3月期）を基に作成）

これを見ると，単に机上でROICを会計的に分解して後は現場に丸投げではなく，現場でのPDCAも考えた上で浸透を図っていることがわかる。

■ROICだけでは縮小する危険もある

また，ROICの限界についても意識した活用を行っている。実は，「ROICだけ見ていると道を誤る」のだ。収益性も大事だが資本効率性も大事，ということで，後者についての管理の充実をずっと検討してきたわけであるが，では資本効率だけ見ていればいいのかというとそうではない。ROICを向上させるためには，「R」を上げるのが「王道」であるが，「IC」を下げてもよいことには皆さんすでにお気づきだろう。ROICの手っ取り早い向上を求められた場合，王道を行かずに，とにかく投下資本を使わないようにするという「覇道」を選ぶことがないとは限らない。

実際に，EVAの導入に失敗した企業の2つ目の失敗要因がこれである。小利口な人々が苦労しないでROICやEVAを上げようとすると，キャッシュフロー創出の努力をせずに，もともとの投資をやめてしまうのだ。だが，事業へ

の投資こそが事業会社の生命線である。それを怠っていればいずれキャッシュフローは枯渇し，利益は減り，事業は縮小していく。そうならないためには，やはり事業の成長へのドライブをかけることもまた必要なのだ。先ほどのオムロンでは，ROICを用いる際に，同時に成長性についても見ることになっている。それも，自社の成長性だけではなく，市場の成長性も見て判断を行っている。同社がモーター事業を日本電産に売却したのは，ベストオーナーの選定という意味でも事業ポートフォリオマネジメントのお手本のように扱われているが，こうした果敢な経営判断も，バランスの取れた指標の見方があってこそだろう。

　さて，そうすると話はいよいよ，ROICを向上させるためにはやはり事業の成長あってこそ，ということになってくる。また，せっかく作った経営のプラットフォームを，過去の業績を見ることばかりに使っていてはもったいない。ROIC-WACCスプレッドがきちんと把握できるようになったことで経営プラットフォームは終わりではない。事業の将来に関するPDCAサイクルをきちんと回してこそ活用のしがいもあるというものだ。次章ではそちらに話を移していきたい。

事業の将来をきちんと語るために

 過去の実績は得意だが将来予測が苦手

先にも述べたが，日本企業においては「過去の数字」を美しく作る能力は著しく発達した一方，「将来の予測」を説明することにはあまり注意を払ってこなかった。誰もそれを求めなかったからである。だが，時代が変わり，株主中心のガバナンスへと移行するにつれ，株主の最大関心事である「将来の成長」についてきちんと語ることは今や不可欠になっている。

■「正しい将来」などはない

だが，「将来についてきちんと語る」のは，意外にハードルが高い。

将来予測を議論しようとすると，往々にして企業の中では足を引っ張られる。「本当にその将来設定は正しいのか」「その仮説でリスクはないんだな」——こういった上司の珍問に挫折している人々のいかに多いことか。正しい将来予測などはない。リスクを取らなければ何もできない。こういう珍問を発するメンタリティが，日本企業の成長を大いに妨げていると実感するが，今は愚痴をこぼしているときではないので先に進もう。

我々が作らなければならないのは，「正しい将来予測」でも「リスクのない将来予測」でもなく（そんなものができる人がいたらお目にかかりたい），「確からしい将来予測」である。リスクを取るからこそリターンが生まれる。その

リスクはコントロール可能な範囲であるのか，悪くなったらどこまでいくと見込んでおけばよいのか，リターンはどのくらいになって，それは資本コストをちゃんと上回るだろうか，結局のところ事業価値はどうなるのだろうか，こうしたことが知りたいのである。これらを説明して人に納得してもらうためには，何よりロジックが通っていなければならない。将来を予測した根拠となる納得できるファクトも必要である。そして，それらがデータとして具体化されていなければならない。

　市場や競合など外部環境の変化を踏まえながら，内部資源をどう活かして望ましい将来の姿を実現させるのか，そのシナリオを描き，定量化し，その定量化した姿を使ってモニタリングしながら実行を進めていく，こうした一連のアプローチは，ビジネスプランニングなどと呼ばれる。また，定性的な将来像を将来のPL，BS，CFといった財務三表のような形で表すことをファイナンシャル・プロジェクションの策定，あるいはファイナンシャル・モデリングなどという。いずれも，経営人材にとっては必須のスキルといえよう。本章では，この2つを中心に考える。

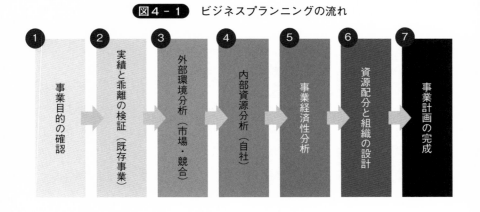

図4-1　ビジネスプランニングの流れ

① 事業目的の確認
② 実績と乖離の検証（既存事業）
③ 外部環境分析（市場・競合）
④ 内部資源分析（自社）
⑤ 事業経済性分析
⑥ 資源配分と組織の設計
⑦ 事業計画の完成

■望ましい将来の姿を考える

　最初に考えるべきは，望ましい将来の姿とは何かということである。企業が

追求すべき究極の目標ともいえる。先にも見たとおり，これには２種類ある。企業の経済的な価値の向上と社会的な価値の実現である。前者はいわゆる「企業価値」であり，説明は前述のとおりだ。後者は「企業理念」である。企業が社会の一員として未来永劫希求したい目標（ミッション）およびそれを追求する際の価値観（バリュー）を謳ったものだ。企業理念が明確となって初めて，それを実現するための長期的なビジョンが定まり，中期的な戦略や，様々な仕組みや仕掛けが描かれることになる。企業という単位とは別に，これから取り組む事業やプロジェクト単位でも望ましい将来の姿を考え，何を実現したいのか確認しておくことはもちろん重要だ。

　最初に「究極の目標」を考え，そこから立ち戻って「そこに至るためにどうしたらよいか」を考える手法をバックキャスティングという。最近おなじみになってきた手法である。

図4-2　バックキャスティングで考える

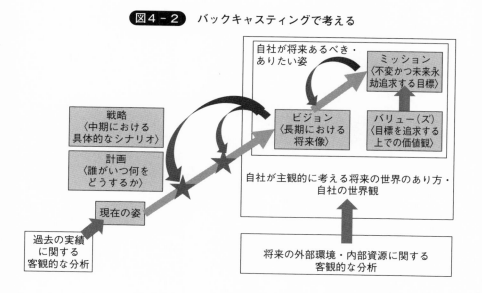

　だが，これをやるのには注意が必要だ。「やってみたのだがうまくできない」とお嘆きの企業の共通点は以下の３つである。

▶過去の分析を客観的に行っていない

▶未来の分析を主観的に行っていない

▶戦略策定ではなくて単なる作業になっている

以下，これらの「症状」について述べてみたい。

■過去の中期経営計画は達成できたのか

　過去の分析を客観的に行っていないと言われると，「そんなことはない」と反論される方も多かろう。数字はきちんと持っているし，それに基づいて業績評価も行っているのだから，過去については十分すぎるくらいやっている――はずなのだが，では，これまでに作った過去の中期経営計画はそもそも達成できたのだろうか。達成できていなければ，それはなぜなのだろうか。こうした過去の反省とそこから得られる示唆について，きちんと共有できているだろうか。

　これは，未達だったことの犯人捜しをしろと言っているのではない。過去のどこかの段階でも，「未来に向かって中計を作るぞ」ということで，様々な将来予測をしたはずである。それの何が外れていたのか，どこが違ったのかをきちんと整理しておかないと，また同じ間違いを起こす可能性がある。それを排除したいのだ。これは，過達の場合も同じことである。上回ったと喜んでいるかもしれないが，そもそもの設定と乖離があったという意味では状況は同じである。

　特に未達の場合には，正直あまり見たくない「不都合な真実」がたくさんあるかもしれない。「この時はこういう事情だったから……」と言い訳の１つもしたくなるのが人情だ。だからこそ，この「振り返り」は客観的に，冷静に行うことが必要だ。この「振り返り」においては，業績や人材の評価までは踏み込まないほうがよい。誰も冷静ではいられなくなるからだ。

　「社内でそんなに冷静になれないよ」という向きには，外部評価を活用するのも手である。例えば，上場企業であるならば，外部のアナリストが皆さんの

会社について懇切丁寧にレポートを書いてくれている場合もある。この内容を「外部の人々の身になって」読んでみると結構大きな気づきがある。もちろん，皆さんの会社の状況は，皆さんが一番よく知っているのは当然である。しかし，外部のアナリストは，皆さんの競合他社の状況を知っている。ある領域のプレイヤーに全員同じ質問をして，課題への対処の良し悪しなどを相対評価しているのだ。皆さんが万全と思っている対策も，競合と比較してみると劣後しているかもしれない。あるいはその逆もあるだろう。皆さんがアナリストレポートを読んで違和感を持つところが，そうしたギャップである可能性は結構高い。

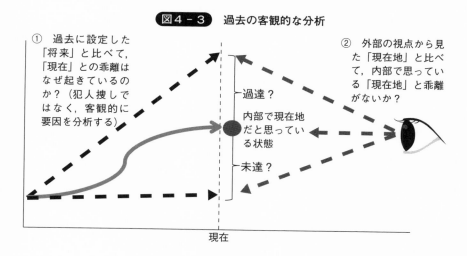

図4-3　過去の客観的な分析

① 過去に設定した「将来」と比べて，「現在」との乖離はなぜ起きているのか？（犯人捜しではなく，客観的に要因を分析する）

② 外部の視点から見た「現在地」と比べて，内部で思っている「現在地」と乖離がないか？

過達？

内部で現在地だと思っている状態

未達？

現在

■事業ごとに競合他社を特定する

　また，当たり前のことだが，事業ごとの過去の財務分析などはきちんとやっておいたほうがよい。それを見ているだけで，事業の状況がどのようなものか手に取るようにわかるし，もっと大事なのは，この後の将来予測で使うからだ。といっても，ひたすら数字をもてあそんでいても何も始まらない。財務分析で重要なのは「分類」と「比較」である。

　分類については，はじき出した様々な指標が何を意味するかによって分けて

おけばよい。別に難しいことではない。①成長性，②収益性，③効率性，④安全性，⑤総合指標としての企業価値や株価，などに分けて指標を見てみればよい。ただし，事業部門の場合には財務分析を行ったり，事業価値を算出するためにはすでに見たデータインフラが必要になる。

「比較」については以下の3点が必須である。

(i)　過去は結構昔まで遡って現在と比較する

(ii)　業界平均と比較する

(iii)　直接競合をしっかりと定めてそれらと比較する

(i)については，プロフェッショナルは10年程度は平気でやっている。長期的に見ると，業界の状況が見えてくるようになるからだ。(ii)については様々な資料が出ているので活用すればよい。ただ，業界の中でどのような位置づけにあるかによって，その当てはまりも変わってくる。したがって，(iii)のほうがより大事である。

特に事業部門ごとの場合，その事業と比較すべき競合他社を設定していない場合が多い。営業ではいつも角突き合わせているので競合の名前はすぐにいえるのだが，競合の戦略や財務分析は意外に忘れられがちである。

こうした競合の設定は，外部の視線にも影響を与える。事例でいえば資生堂が，「自社の競合は国内のXXやYYではなく，海外のAAやBBである」といった競合設定を公表したことによって，株式市場もその視点を採用したのは有名な話である。

■主観的な世界観はどのようなものか

一方，未来の分析については「主観」が不可欠である。大抵の場合，バックキャスティングを行うというと，まずは遠い将来のメガトレンドの分析から始めることが多い。これ自体は別に間違っていない。だが，いつまで経ってもそこから抜け出せないのでは困る。そうした客観的な分析を土台にした上で，「では，我が社はどうしたいのか・どうであるべきなのか」という主観的な世

界観を創り上げていただかなければならない。そのために，昨今では「パーパス」という言葉が大いに注目されている。日本語でいえば，コーポレートガバナンス・コードにもある「会社の目指すところ」ということにもなろう。企業理念やミッション・バリューといった形で表されるかもしれない。いずれにしても，その会社ならではの思いがこもっていなければ，何の役にも立たない。「思い込んだら命がけ」で頑張れる究極の目標は何か，その時世界はどうなっていると「自社は」思っているのか，といった全体像を提示できるかどうか，これがとても重要である。

　戦略というのは，ストーリー，シナリオ，物語として語られなければならない。物語には必ず最後の目的となる場所がある。主人公はどこかに辿り着かなければならない。そのどこかは，主人公が熱烈に思い焦がれている場所であるはずだ。そうした目標がないままに経営資源を浪費している企業は，そのうち「サステナブル」ではなくなっていくだろう。

■戦略策定ではなく作業を行っていないか

　こうした物語を創り上げるのにはもちろん想像力や構想力が必要である。また，それを他人に語って聞かせるためには，特にそれが企業の将来像といったものならば，ロジック・ファクト・データからなる強い説得力や，高いコミュニケーション能力も必要だ。重箱の隅をつつくような細かい話ではなく，骨太な方針が求められる。それを実現するためには，枝葉は切り落とさなければならない。また，同時にいくつものストーリーの中を生きることはできない。どれかを選ぶことが必要だ。たとえていえば，「家を建てる」ようなものかもしれない。皆さんが家を建てようとするとき，まず何を考えるだろうか。当然ながら，「どこに住むか」ではないだろうか。都心のタワーマンションでアーバンライフを送るのもよいだろうし，リモートワークの可能性も広がった今，海辺の一軒家や自然豊かな地域も魅力的だ。問題は，「どちらか選ばなければならない」ということだ。経営資源は有限だからだ。仮に，あなたが無限の資金を持っていたとしても，同時に両方に存在することはできない。

　次に考えるのは何か。「どういう家を建てようか」であろう。これも選ばなければならない。和風建築の粋をこらそうとすれば，門構えや庭園もそれに合ったものがよかろう。コンクリート打ちっぱなしの無機質な感じが好きなのに，ベルサイユ宮殿のような玄関がついていたらちょっとセンスを疑う。戦略を作る上で大事なのは，「立地」と「設計」である。この2つは，どれかを選んだら他の選択肢は捨てなければならない。もちろん，間違ったと思えば違う選択肢を選び直せばよい。家なら引越しを考えるということになる。「Bプラン」を作っておけと言われるのはそのためだ。最初に定めた戦略を，金科玉条のように守り続ける必要はさらさらない。環境が激変する現在ではなおのことだ。

　最近，中期経営計画が役に立たないと言われるのは，同じたとえを使うならば，もうすでに立地も決まり家も建ち，間取りも決まった古い家の中で窓枠のカーテンの色に悩んでいるような内容が多いからだ。結局のところ，「赤も緑も花柄も」といった総花的な結論に落ち着きかねないし，それくらいなら経営資源配分の問題にも突き当たらないので結局のところ全部買ってしまったりする。逆にいえば，経営資源を大きく動かすような革新的な意思決定はそこにはない。それなのに作業は莫大だ。きれいなパワーポイントを作るためだけに何日も費やしたり，あちらの専務の言うことをこのあたりにちりばめ，それとは全く違うことを言っているこちらの常務の言うことはそのあたりに取り混ぜ，誰にでも何とか言い訳のできる資料を作ることに全精力を傾ける。このようなものは「戦略策定」ではなく，ただの「作業」である。仕事といえるかどうかも疑わしい。

　昭和の昔であれば，こうした「作業」をゆったりと行って万事問題なし，ということもあっただろう。だが，それは過去の話だ。今や，自社の行く末について，外部環境を見据え，内部資源を確かめながらいくつものストーリーを考え，シミュレーションを行い，そして基本となるベースシナリオを1つしっかりと決めなければならない。その上で，それが悪くなったらどうなるのかというリスクシナリオも必要だ。そして，それ以外の選択肢については，いったん

きちんと捨てよう。戦略とは捨てることだとよく言うが，いくつもの選択肢を追って経営資源を分散させた結果敗北する，というのは，大日本帝国の時代で終わりにしたいものだ。特に，コロナ禍によってどんな事業も，土台となる部分に大きな揺らぎが生じている。目の前の売上減少や製品変更で忙しいかもしれないが，今は戦略そのものを根底から見直す絶好の機会でもある。

図4-4 戦略を策定する—「立地」と「設計」

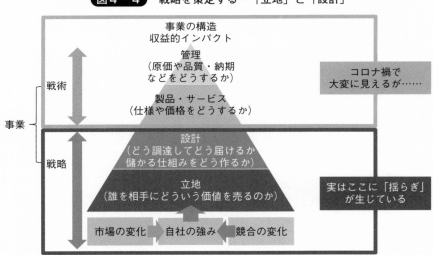

■外部環境を分析する

本書で戦略策定について詳細に述べている余裕はないが，簡単にここで見てみよう。「立地」を考える際に避けて通れないのが，「市場（Customer）」と「競合（Competitor）」の分析である。これに内部資源を表す「自社（Company）」を加えて「3C分析」とも呼ばれる。

「市場」を考えるにあたっては，ターゲット市場とその規模を明確にし，その市場で成功するカギとなる要素を特定する。こうしたことを考える上で，市場を取り巻くマクロ環境を整理する「PEST分析」や，業界構造が収益性に与

える影響を見極める「Five Forces Analysis（5つの力分析）」といった手法は有名である。前者は，市場に大きな影響を与えるマクロ要因を，政治（Politics），経済（Economy），社会（Society），技術（Technology）の4要素に分けて考察する。市場に影響を与えるようなメガトレンドを押さえることは，戦略を考えるための基礎となる。最近では，これに環境（Environment）を加えることも必須だろう。

　後者は，「業界内の競合」「新規参入の脅威」「代替品の脅威」「売り手の交渉力」「買い手の交渉力」の5つの視点からポジショニングを考える手法である。業界構造自体が流動化しつつある現代には適さない面もあるが，これも基本となる考え方である。

　また，実務でよく用いられる手法に，「アドバンテッジ・マトリクス」がある。戦略変数の多さと優位性獲得の可能性という2軸により，業界特性を「規模型」「分散型」「特化型」「手詰型」に分類するものである。それぞれ事業経済性（売上と利益率との関係）が異なり，その業界で取るべき戦略の基本的な方向性についての示唆が得られる。

　「競合」を考えることは，必要とわかっていながら手薄になりがちな分野である。特に，直接競合はまだしも間接競合についてはあまり意識されないことも多い。しかし，間接競合は，他業界から参入して当該業界の製品やサービスを丸ごと代替しかねない。こうした存在も含めて，どんな競合とどのような競争メカニズムで戦っていくのかは重要だ。

■内部資源における競争優位の源泉

　市場において競合と戦いながら一定の地位を獲得するには，何らかの競争優位性が必要である。その企業ならではの「強み」だ。それを特定し，活かすための仕組みや仕掛けを考えるのが「自社」に関する分析である。収益の源泉となるような強みは何で，それは将来も維持可能なのか，どのような設計によってそれが可能となっていくのかを考える。内部資源分析では，価値（Value），希少性（Rarity），模倣困難性（Imitability），組織（Organization）の4つの

視点から資源を評価する「VRIOフレームワーク」などが有名だが，ここで挙げたフレームワークはいずれも思考の補助線として活用すべき道具であって，これらを使うことが目的ではない。得た分析結果を基にして将来に向けた打ち手を取捨選択し，実行することにこそ意味がある。

　実務ではビジネスモデルという言葉が多用されるが，そこで想定される仕組みや仕掛けは，単なる気の利いたアイデアなどではなく，きちんと儲かる収益構造を伴っていなければならない。これを見るために，すぐ後に述べるファイナンシャル・プロジェクションは必須だ。入ってくるおカネ（キャッシュ・インフロー）が出ていくおカネ（キャッシュ・アウトフロー）よりも多いことが確認できなければ，ビジネスモデルもへったくれもないからである。また，描かれたストーリーの実現のために必要な資源，組織的な手当てや実行計画，アライアンスなどの可能性も検討した上で，内外に示すことのできるビジネスのストーリーが完成する。

　将来予測を定量化する

■ファイナンシャル・プロジェクションの前提条件

　策定した戦略は定量化されなければならない。定性的な話を進めるのと同時並行的に進めたほうがよいだろう。そうすれば様々なシミュレーションも可能になるからだ。先ほど述べたとおり，使う数字自体はそれほど細かくなくてよい。①売上，②費用，③運転資金，④投資資金，⑤負債と資本，ぐらいで十分である。簡単な例を**表4－1**に示す。

表4-1 ファイナンシャル・プロジェクションの事例

(1) 予測損益計算書 （単位：百万円）

	前年度	1年度	2年度	3年度	4年度	5年度
売上高	1,000	1,030	1,061	1,093	1,126	1,159
売上原価		691	710	724	754	779
（うち減価償却費）		88	89	89	90	90
（うち人件費）		500	515	525	551	572
売上総利益		339	351	369	372	380
販売および一般管理費		225	230	240	249	260
（うち減価償却費）		22	22	22	22	23
（うち人件費）		100	102	108	114	122
営業利益		113	121	129	123	120
減価償却費		110	111	111	112	112
EBITDA（利払前・税引前・償却前利益）		223	231	240	235	232
受取利息・配当金		0.1	0.3	0.5	0.2	0.4
支払利息・割引料		8.5	8.5	8.5	5.3	5.3
経常利益		105	112	121	118	115
税引前当期純利益		105	112	121	118	115
法人税等（35%）		37	39	42	41	40
当期純利益	47	68	73	79	77	75

(2) 予測貸借対照表 （単位：百万円）

	前年度	1年度	2年度	3年度	4年度	5年度
流動資産						
現金・預金	40	111	165	74	131	186
売上債権	95	99	102	105	108	111
棚卸資産	145	127	131	135	139	143
固定資産						
有形固定資産	1,600	1,716	1,832	1,948	2,065	2,183
減価償却累計額	500	610	721	832	943	1,056
純固定資産額	1,100	1,106	1,111	1,117	1,122	1,128
総 資 産	1,380	1,442	1,508	1,430	1,500	1,568

	前年度	1年度	2年度	3年度	4年度	5年度
負　債						
買掛債務	95	99	102	105	108	111
短期借入金	50	50	50	50	50	50
長期借入金	375	375	375	225	225	225
負債合計	520	524	527	380	383	386
純資産						
株主資本	860	918	981	1,050	1,117	1,182
負債および純資産合計	1,380	1,442	1,508	1,430	1,500	1,568

(3)　予測キャッシュフロー計算書　　　　　　　　　　　　　　　（単位：百万円）

	前年度	1年度	2年度	3年度	4年度	5年度
当期純利益	47.4	68	73	79	77	75
減価償却費		110	111	111	112	112
営業キャッシュフロー（運転資本増減前）		178	184	190	188	187
運転資本の増減						
売上債権の増加		−4	−3	−3	−3	−3
たな卸資産の増加		18	−4	−4	−4	−4
仕入債務の増加		4	3	3	3	3
運転資本増減額		18	−4	−4	−4	−4
営業活動によるキャッシュフロー		196	180	186	184	183
投資活動によるキャッシュフロー		−116	−116	−117	−117	−118
FCF（フリーキャッシュフロー）		81	64	69	67	65
配当金		−10	−10	−10	−10	−10
短期借入金返済額						
長期借入金返済額				−300		
新規短期借入金						
新規長期借入金				150		
新規株式発行額						
財務活動によるキャッシュフロー		−10	−10	−160	−10	−10
現金増加分		71	54	−91	57	55
期初現金残高		40	111	165	74	131
期末現金残高	40	111	165	74	131	186

（小数点以下の端数処理の関係上誤差あり）

　一方，重要なのはこれらを考える上での「前提条件」である。戦略を検討していく際に，「ここは大きな論点になるな」「この状況がどうなるかによって将来大きく変わるな」という要素が必ず出てくる。それがどう動くかによって，将来のストーリーも，将来キャッシュフロー生成能力も大きく変わってくる要素のことである。本来は，これをマテリアリティ（重要性）という。最近は甚だしい誤解からコンサルの儲けネタまで，様々に使われているこの言葉だが，今は「重要な前提条件となる要素」ということとして話を進めたい。

　この要素はそれほど多くない。1つの業界，企業の要素を挙げたら20も30も出てきてしまった，というのは，優先順位がつけられていない証拠である。試しに，その20なり30なりの要素について，「中長期のキャッシュフロー生成能力にどのくらいの影響を与えるのか」を考えてみるとよい。もしそれが，中期的には2〜3％程度の影響しか及ぼさないなら，いったん忘れよう。長期的にはインパクトが大きくなっていくとしても，今から5年程度のキャッシュフロー生成能力に大きな影響を及ぼさないのであれば，「今後の種まき」として別ポケットに入れ，より長期的なビジョンなどを語るときに使えばよい。

　一方，中期的なキャッシュフロー生成能力への影響が大きいのなら，それは確かに取り上げられるべきことである可能性が高い。こうしてスクリーニングをしていくと，多くの場合は「重要な要素」はせいぜい6〜8ほど，人間が覚えられる数の限度内にとどまるのが普通だ。

　この要素が定まったら，その要素ごとに「将来の散らばり具合」を考える。よくなった場合にはこれくらい行くだろうが，悪いとこんなになってしまう，でもどんなに悪くてもこれ以上は行かないだろう，という幅のことだ。この幅のうち，最もありえそうな数値をベースシナリオとして用いる。最も悪くなりそうな場合をリスクシナリオとして用いる。後は別に忘れていただいてもかまわないし，余裕があれば楽観的シナリオを作っておいてもよい（ただし，ほとんど使われることはない）。

■「売上」は重要な変数である

　戦略策定においてあれこれ検討した定性的な事柄の中から重要な要素を抜き出して，さてどのように数値に結びつけていくのか。外部環境の様々な変化を最もよく映し出す鏡は，やはり「売上」である。「ほらやっぱりPL脳で大丈夫じゃないか」などとは思わないでほしい。

　売上は別にキャッシュフローと対立するものではなく，その最大の一部であることはすでに述べたとおりである。それに，「売上」にこだわるのが悪いのではなく，「売上」しか見ていないことが問題なのだ。将来を考える始点としてまず将来の売上を考えるのは自然なことである。将来の市場規模が予測でき，競合の動きについて考えた上で自社のマーケットシェアが予測できれば，それだけで将来の売上は数値化できる。最も外部環境と結びつけて考えやすいし，売上が決まれば，色々な要素が次々に決まってくる。

　2番目に来るのは「費用」である。まずは売上予測が実現した場合に，現状そのままでいった場合の費用の状況を考えてみよう。損益分岐点分析によって，どのくらいの固定費がかかり，どの程度が変動費となるのかといったことは明らかにしておく必要がある。とりあえず現在の固定変動比率で費用を算出してしまおう。

　費用といっても色々ある。取るに足りない割合の費用については過去と同様の割合（売上に対して）に置いておけば十分である。その事業にとって非常に重要な費用は個別に考える。ただ，最初に作るときは，それもまた過去と同様の割合でとりあえず置いておこう。また，費用の中には，金利，配当，税金といったものがある。これらは別に置いておく必要があるが，水準に頭を痛める必要はない。とりあえず現在の金利水準，現在の配当性向，現在の実効税率で置いておけばよい。何だか簡単な気がしてきたのではないだろうか。これらの水準をああでもない，こうでもないと議論するのはもう少し先にして，いったんPLは終わりにしてBSに移ろう。

■「株主資本」につなげる

　BSで最も簡単にできるのは株主資本である。PLから利益が入ってくるので，それが年々歳々積み重なるようにしておけばよい。こう簡単に終わらせると，次の2つの質問がよく飛んでくる。株主資本等変動計算書についてはどう考えるべきか，という話。結論からいえば，配当以外は無視してかまわない。そのほかのものは，そもそも利益が出なければ払えないからだ。米国並みに役員賞与を出そうというなら別かもしれないが，そもそもそんなに巨額の役員賞与を前提とした将来予測自体が不健全だろう。おまけに，事業別のバランスシートにはほとんど関係ない項目である。それ以外は金額も小さいのでそんなところにこだわっている暇はない。

　もう1つの質問は，「株主資本というが，実際の制度会計ではその先に自己資本，純資産という概念があり，評価損益などはどうするのか」というものである。ごもっとも。でも忘れよう。同じく事業別のバランスシートにはほとんど関係ない。もし，為替の差損益による振れ幅が非常に大きい事業の状況が気になる場合は，全部作り終わってから，為替で影響を受ける分を抽出して為替レートの設定によりシミュレーションできるようにしておけば十分である。

■運転資本はさっさと済ませる

　正味運転資本は，売掛債権＋棚卸資産－買掛債務によって計算される。したがって，この3つの要素を考えればよい。時間をかける必要はない。過去にどのくらいの回転日数がかかっていたのかを過去の財務分析から拾ってくればよい。それがわかれば，すでに売上の数値が出ているのだから，逆算すればよいだけだ。要は，売掛債権の回転日数が60日なのであれば，すでに予測した売上を日商ベースに直して60をかければそれでおしまいである。運転資本はいずれも売上に連動する可能性が高いので，このような措置で全く問題ない。棚卸資産と買掛債務は売上原価に紐づくが，過去数年間の売上総利益率にあまり変動がなく，今後も特にそうした予測を立てていないようであれば，別に財務分析

の試験をするわけではないので，すべて売上に基づいて計算してしまってもかまわない。過去の分析はこういうときに使うのである。

　もし，将来に異なった予測をしているのであれば，それを反映すればよい。例えば，サプライチェーンマネジメント（SCM）に注力することとし，現在70日となっている棚卸資産回転日数を3年で50日まで削減したい，というのがその事業の大きなテーマであるならば，1年目は70日，2年目は60日，3年目は50日などと設定して同様の計算をすればよいだけである。このときに，事業ごとにその業種ではだいたいどのくらいの回転期間となっているのか，競合他社の数値も見ておくとよいだろう。競合他社に比べて著しく長い売掛債権回転期間や棚卸資産回転期間，あるいは著しく短い買掛債務回転期間などは，それらを業界平均並みに持っていくだけで，かなりのキャッシュフロー生成効果を生む。財務分析は，自社や各事業の過去の分析だけではなく，競合の分析，業界平均の分析があってこそ実務に活きてくる。

　そのほかに，例えば未収金など売上と関連の深い項目をどうしてもファイナンシャル・プロジェクションに入れたいのなら，同じことをすればよいだけだ。こんなところに時間をかけていても無駄なので，さっさと済ませて先に進もう。

■投資は事業会社の「華」

　時間をかけたいのは，売上連動では片がつかない項目のほうである。何といってもその筆頭は「投資」である。これこそが事業会社の「華」なので，どこの事業においても今後数年間の投資計画などは粗々でも持っているだろう。その実額を入れていくことになる。実は，外部から見るときにはこの金額がよくわからない。そこで，アナリストなどは決算説明会のたびに，「今年の投資額はどのくらいですか」などと質問する。しっかり答えてくれることは少ないので，次の質問として「投資は減価償却の範囲内ですか」などと聞いてみる。これはクローズドクエスチョンなので，Yes/Noがわかるはずだ。Yesであれば，現在の資産額から大幅に増えることはないということであるし，Noであればおそらく資産額は増加するだろう。こうした推定を彼ら彼女らは行っているの

である。だが，事業会社内であれば実際の投資計画があり，実額がわかっているのだからこのような苦労はしなくて済む。

　社内に投資計画がない場合にはどうするか。これは作るしかない。今後の戦略が決まっているのに，そこで使うおカネが決まっていないということは本来ありえない。そんないい加減な戦略は，ファイナンシャル・プロジェクション策定以前に失格である。「この領域に注力して伸ばしていけば，３年後には設備増強が必要になるだろう」とか，「この地域に進出して，工場建設を行いたい」，あるいは「この企業を買収予定」などあれこれ戦略には盛り込んでおきながら，それにどのくらいのおカネがかかるのかを考えていないということはないはずだ。売上がキャッシュフローの最大の「入り」であれば，投資はキャッシュフローの最大の「出」である。将来予測は重要だ。とはいえ，これも別に「正確な」金額を算出せよと言っているのではない。ザックリどのくらいなのかを知りたいのである。

■M&Aの計画には要注意

　ただ，M&Aについてはちょっと注意が必要だ。企業単位でも，事業単位でも，「M&Aをやる」と言って投資にかかる支出を見込み，それが成功した前提で大きく売上が増えることになっているファイナンシャル・プロジェクションをよく目にする。だが，そのM&Aは本当に必要なのだろうか。十分に事業戦略を吟味し，不足している経営資源を特定し，それを自前で賄うよりも外部から買ったほうがコストがかからないという比較を済ませ，実際にどういう企業をいくらで買うのか，その価格は妥当なのか，といった検証を加えた結果だろうか。もしこれらに疑問符がつくのなら，その計画はファイナンシャル・プロジェクションに組み込まず，別途改めて議論したほうがよい。いい加減なM&A計画は，多くの場合単に売上が増えたように見せるための出まかせでしかないからだ。PL脳しか持たない担当者の小細工にすぎないので無視するに如くはない。

　企業全体を見た場合も同様である。中期経営計画などを発表する際に，事業

の積上げ数値が目標とする売上に足らないと，ろくに説明もないM&A計画で補ったりする。あるいは，現預金をたくさん抱えて株主に還元を迫られているような場合に，「株主還元ではなく事業投資にちゃんと使います」という"フリ"をするために，意味もないM&A資金を積んでおこうとする企業もある。それに踊らされる投資家もいるので困ったものだが，こうした企業における「"自分のカネ"を株主に流出させたくない」という本音（"自分のカネ"ではないのは無論である）を，株主は冷たく見ている。

■本来持っていてほしくない資産

　株主の冷たい目線に話が及んだところで，他にも冷たい目線が注がれる資産の「御三家」を思い出してほしい。現預金，有価証券，不動産，であった。これらをファイナンシャル・プロジェクションにどう落とそうかとお考えの方々もいらっしゃるだろうが，プロジェクション策定前に考えるべきことは，「そんな資産に投資していていいのか」ということである。「事業会社にしかできない事業投資をやってくれることを期待して資金を提供したのに，そんな投資ばかりやっているのならカネ返せ」——株主としては当然こう思う。昨今，多額の現預金保有が批判されたり，政策保有株式（いわゆる持合株式）の削減が叫ばれたり，不動産を多く保有する企業がアクティビストの格好の標的になったりしているのはこういう理由による。

　「そんなこといっても，とりあえず持っているのだし……」とお悩みの場合には，以下のステップを踏もう。

　まず現預金に関してである。これは，余剰現金と事業上必要な資金とに分かれる。後者については，事業ごとに，その業界ではどの程度の事業用現金が必要なのか実はわかっているはずだ。「この事業をやっていると，このくらいは手元に置いておくことが必要」という経験則で結構だ。それが例えば月商の2ヶ月分だとすれば，後は運転資金と同様の計算をすればよいだけだ。つまり，予測した売上の2ヶ月分を手元現金として置いておく。もし，事業ごとにそうした経験則がないのであれば，先述の運転資金と同じく，競合他社や業界平均

の数値から設定しよう。こうして各事業に必要な現金を割り振ったら，余剰は本社勘定としておく。もし不足が出たら，割り振った額を調整する。

　次に有価証券と不動産である。これらは，事業における保有がふさわしいのかどうかといったスクリーニングをかける必要がある。例えば政策保有株式にしても，「どうしてもこの事業の取引先との関係で持つ必要がある」などと事業部門が言ってくることもあるだろう。本来，そうした泣き言に取り合わず，さっさと政策保有株式は売却するのが筋である。だが，正論ばかり吐いても先に進まないので，とりあえず保有するとした場合には，その責任は事業部門に取ってもらおう。すなわち，その事業部門のバランスシートに割り振る。

　不動産も同様である。今は遊休土地であるが，近々工場を建てたいということもあろう。その場合には，その工場を保有する事業部門に割り振る。資産についての「責任」もきちんと割り振ることが，バランスシート策定においては必要である。どこの事業部門にも振り分けられない有価証券や不動産は，本社勘定としておく。そしてさっさと処分を考えることにしよう。

■残りは現金か有利子負債で調整する

　さて，ここまででバランスシートのほとんどの部分は完成である。資産の側はすべてできている。総資産がわかっており，株主資本とその他の負債＝買掛債務もわかっているのだから，後の残りは「予測されたとおりにキャッシュが動いた時（＝予測された売上を挙げ，費用を使い，投資を行った時）に不足となる金額」である。これはいったんすべて有利子負債として置いておく。それが短期なのか長期なのか，いつ返すのか，多すぎないか，等々は後で考えればよい。こうして資金の過不足をすべて有利子負債で調整してしまえば，バランスシートは完成である。ちなみに，資金余剰が生まれて有利子負債がすべて返済された場合には，資産側の現預金の額を調整する。

　さて，これですべてできた。めでたしめでたし——と，ここで作業を終わらせてはいけない。まだキャッシュフロー計算書を作る仕事が残っている。ただ，これは簡単だ。すでにできているPLとBSから，キャッシュの動きだけ拾って

くればすぐできる。重要なのは2つ，営業キャッシュフローから投資キャッシュフローを除いたものをフリーキャッシュフローとして定義しておくこと。そして，最後の現預金残高がBSの現預金残高と一致するか確認すること。日本の制度会計の世界ではBSの現預金残高とCFの現預金残高は一致しないが，ファイナンシャル・プロジェクション策定の際には，ここを合わせておかないとシミュレーションができない。これですべて完成である。

 ## Ⅲ　プロジェクションを使って何をするか

■まずはシミュレーション

　ファイナンシャル・プロジェクションが出来上がった。今度は色々動かしてみる番だ。プロジェクション自体は「ツール」なので，これを様々に活用してこそ意義がある。活用するシーンは大別して2つ。①プランニングの場面，および②モニタリングの場面，である。

■ファイナンシャル・プロジェクションで何ができるか

　改めて，ファイナンシャル・プロジェクションを行うことで何が可能になるのかまとめておこう。**図4-5**のようなことである。
　まずはプランニングから見ていこう。すでに戦略策定から話を始めているの

図4-5　ファイナンシャル・プロジェクションのメリット

プランニング
- ▶事業の将来予測が定量化される
- ▶将来のシナリオについてシミュレーションが可能となる
- ▶将来のキャッシュフロー生成能力がわかる
- ▶将来の事業価値がわかる
- ▶全社の企業価値もわかる

モニタリング
- ▶各事業をこれから先，モニタリングすることができる
- ▶中期，および年度のマイルストーンを作ることができる
- ▶マイルストーンを用いて，業績評価や管理ができる

で，現在手元にあるプロジェクションは，戦略の基本シナリオを反映している はずだ。ここで3種類の情報を獲得しよう。まず1つは，「ベースとなるシナ リオ，戦略は本当にこれでよいのか」ということの確認である。そのためには 様々なシミュレーションを行うことになる。もう少し利益を伸ばせる余地はな いのか，そのためには何をしなければならないのかなど，定量的な数値と定性 的な施策をセットで考えながら数字を動かしてみる。

　また，財務的な施策もここで考える。先ほどは資金の差分をすべて有利子負 債と仮置きしたが，これではあまりに信用リスクが高くなりすぎるので，もう 少し投資を減らそう，あるいは増資をしよう，といったことである。為替レー トを入れた場合には，為替水準などを変えてみる。為替が1円動くといくらく らいの損失，あるいは利益となるのか分析してみる。これらを感応度分析とい う。

　こうした様々なシミュレーションを経て，基本シナリオをより頑健にしてい く。また，リスクシナリオも同様にブラッシュアップする。リスクシナリオに ついては，どの要素が動くと影響が大きいか，といったことも分析しておけば， そのままリスクマネジメントができる。これを数値化したグラフは，よくトル ネードチャートなどと呼ばれる（図4－6）。もっと定量化したければ，この 数値を使ってモンテカルロ・シミュレーションを行うことなども可能である。 ただここでは紙面の都合上割愛する。

　日本企業では時々，経営企画部は基本シナリオの管理ばかり行い，リスクシ ナリオの管理は別途リスク統括部が行う，などということが行われている。こ んなタコツボ型の管理をするから，事業部門は「中計の数字を出せと経営企画 部がうるさくて，やっと終わったと思ったら同じような資料をリスク統括部が 作れと言ってくる，やってられないから適当に鉛筆なめちゃえ」といったこと が起こるのである。オペレーショナルなリスク管理は専門家がしっかりやって いただきたいが，事業の将来予測については，こうしたシナリオの分断が起こ らないように統合しよう。

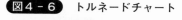

図４－６　トルネードチャート

■マイルストーンにどの指標を用いるか

　２つ目には，このブラッシュアップされた基本シナリオを前提として，先行きのマイルストーンを考えることである。具体的には，将来の数値についての財務分析を行うことになる。といっても，過去の財務分析はすでに行われているので，それを将来に引き延ばすだけである。その上で，カギとなる指標が現在に比べてどのように変わっていくのかわかるようにしておこう。現在と，例えば５年後を比べたレーダーチャートなどがあってもよい。この指標は，まずは本社側がどこの事業においても気にしてほしい指標を選定しよう。その上で，事業部門が独自に置きたい指標などあれば，入れていただいてかまわない。88頁で述べたように，①成長性，②収益性，③効率性，④安全性，そして⑤事業の独自指標，などとするということだ。

　ここでの指標の選択は重要だ。なぜならば，「収益性だけではなく効率性も見る」ということを事業部門と共有しなければならないし，「だからといって成長性も忘れてはいけない」ということも入れておいたほうがよい，というバランスの取れた運営が必要とされるからだ。先述のオムロンの例などを思い出していただきたい。また，安全性の指標は財務の健全性ということで，負債と

資本のバランスを考えることが必要になってくる。これを事業部門にどこまで考えさせるかは企業によるだろうが，少なくとも本社ではしっかり見ておく必要がある。

　もう1つ，指標の選択が重要な理由を挙げよう。ここで選んだ指標は単なる財務分析のためだけではなく，もちろん後述のモニタリングのために使われる。マイルストーンとして，実際にその数値に到達したのかということは毎年チェックできるし，それによって業績評価も行われる。加えて大事なのは，これらは役員の業績連動報酬を決める際の指標とも整合性を持っている必要があることだ。

　コーポレートガバナンスの進展により，今や多くの企業が報酬（諮問）委員会を持つようになったが，そこで議論されるべき内容の1つに，業績連動報酬の「業績」を何によって測るのか，ということがある。せっかくプロジェクションを作って様々な財務分析を行い，重要指標も決めてモニタリングをしているのに，役員の報酬の基準となるのは全く違った指標，ということではやはりおかしいだろう。この整合性は取る必要があると思われる。ちなみに，最近よく使われている指標には図4－7のようなものがある。短期や長期，年間の

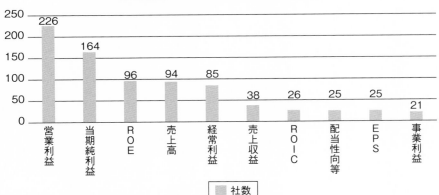

図4－7　業績連動報酬を決める指標

（出所：藤野・赤坂（2020））

報酬なのかボーナスなのか，といった差もあるが，参考にされたい。

■株価と格付けを付けてみる

さて，話が脱線したので元に戻そう。プロジェクションの使い方の3つ目は，「投資家として事業を見よう」ということである。将来予測ができれば当然株価予測も格付け予測もできる。株主はどう見ているのか，をまずは考えてみよう。先ほどキャッシュフロー計算書でフリーキャッシュフローを算出しておいたので，すでに事業別に明らかになっているWACCを用いてDCF法により事業価値が算出できる。これでようやく，どの部門が企業価値に最も貢献しているのかということもわかるようになるわけだ。さらに，複数の事業部門を持っている上場多角化企業においては，コングロマリット・ディスカウントなのかプレミアムなのか，という状況もわかることになる。

投資家の見方は株主ばかりのものではない。債権者はまた別の見方をする。例えば，株主はROEに大きな興味を示すが，債権者はそうではない。

一方，安全性の指標は彼らにとっては重要だ。

債権者向けの指標を中心に格付表を作って，それによって事業別に格付けを付けることもできる。格付けごとの指標の水準は，同業他社の状況を参考にしたり，格付会社のレポートなどを参照したりすることもできる。格付けを自動的に算出してくれる便利なソフトもある。これらについては**第6章**で後述する。

■予算策定作業の無駄を省く

ここまで行うと，グループの各事業部門を，あたかも1つの会社のように評価することが可能になる。企業の究極の目標，パーパスを追求するための長期的なビジョンに則った中期的な将来戦略ができて，それが定量化されており，その数値に基づいてモニタリングができ，株価（＝事業価値）や格付けも付されている状態である。例えば5年間分を作ったとすると，後はこれを1年ごとにブレイクダウンしていけば，1年ごとに達成すべきマイルストーンもわかる。これが本来のバックキャスティングである。

　この一連のプロセスが行われていれば，予算策定作業などははるかに簡単なものになるだろう。もちろん，1年ごとに見直しも必要だろうし，必要だったら変えればよい。日本国憲法のように硬性なものにする必要は全くない。「そんなことでうまくいくのか」と懐疑的な方々に限って，こうしたプロセスを実際に行ったことがない。まずはやってみていただきたい。毎年莫大な労力と時間をかけて予算策定に挑み，それとは全く別の論理体系で中期経営計画を作り，それをいくら重ねても行き着かないきれいごとのミッションやビジョンを重ねた統合報告書を作るためにまた骨を折る，といったむなしい努力を重ねている会社のほうがよっぽど「そんなことでうまくいくのか」と疑問を呈されるだろう。

　そこまでひどくはなくても，多くの日本企業における予算策定作業への傾倒ぶりには少々違和感を覚える。おまけに，期中に予算が未達になりそうであっても，その原因を調べた上で必要に応じて予算を変えたりはしない。そうではなく，現実を変えようとするのだ。それも，現実を見た上で不足その他に対して適切な手配をし，必要な武装を施した上でならまだわかるが，精神論が幅を利かせていたりする。「売上がまだ30億円足りないからとにかく頑張れ」「目標必達！」といった檄が飛ばされる。しかしそれに必要な経営資源は配分されない。一方で，予算の遂行状況に関しては売上と費用に関してのチェックがほとんどなので，営業部門が竹槍で戦い，精神論で疲れ果てている一方で，当初予算で計上されていた莫大な投資がしれっと行われていたりする。さっさとこうしたカオスからは脱却しよう。

■最後に本社勘定の調整

　あまり悪口ばかり言っていると嫌われるので，少し技術的な話に戻ろう。事業部門があたかも独立した企業のように評価ができるようになったところで，ふと足元を見るとまだ行われていないことがある。本社はどうなるのか，ということだ。

　これについては3つの選択肢がある。①あまり気にしない，②大雑把に作っ

ておく，③きちんと制度会計に合わせる，である。③はおすすめしない。合わせたところで何も生まれないからだ。せいぜい乖離がどのくらいあるのかを把握しておく程度で十分である。気楽なのは①である。そもそも，本社は内部投資家として事業の将来を見極めたいのだから，事業部門ごとの投資に対するリスク・リターンをきちんと把握するのが仕事である。まずここに集中しよう。

　ただ，それだけだとどうしても「本社には先述のとおり莫大な有価証券と不動産を抱えさせてしまっているし……」とか「間接部門のコストも知っておきたいし……」といった課題が出てくる。そうであるならば，②の道を選択して，本社部門にも大雑把なBSを作って調整勘定としておけばよい。余剰現金や有価証券，不動産などが資産として計上され，事業部門に振り分けた残りとしての負債や資本が手当てされるだろう。一見すると恐ろしいBSになるが，別にかまわない。それを見て，「気持ち悪いからさっさと政策保有株式は売ってしまおう」と思えるようになればしめたものである（ならないか）。

　本社は何によってキャッシュフローを得るのだろうか。本社は内部投資家である。言ってみれば，1人株主，1人債権者なので，事業会社＝事業部門からの配当と金利によってキャッシュフローを得ることになる。持株会社などだと，そのほかにブランド使用料などを明示的に徴収しているところもあるだろうが，ここでは金利と配当に話を絞る。

　この水準をどのようにすればよいのだろうか。金利については先ほど付した格付けに基づいて金利水準を決め，信用リスクの高い事業からは高い金利で，そうでなければ低い金利で徴収するようにしておけばよい。これも世間と同じである。

■自律分権という名の放任

　配当について，これは実は結構難しい。本社がどのくらい強く事業部門をコントロールするかを決めることになるからだ。世の中のグループ企業においても，子会社の配当を全部吸い上げて，投資をするときはまた新たに承認が必要，といった形を取る親会社もあれば，ある程度は子会社に内部留保させてその中

から再投資は自由，という親会社もある。前者は中央集権的，後者は自律分権的ともいえよう。

　こう言うと，ほとんどの日本企業はなぜか後者を選ぶ。だが，ここには大きな落とし穴がある。自律分権的というのは，だからといって親会社は管理しなくて済む，ということではないのだ。自律分権で自由に走らせよう，などといって結局のところ単なる放任になってしまっている企業は目を覆うほど多い。子会社のコントロールは，むしろ中央集権のほうが簡単だ。何でも親会社の承認なしにはできなくすればよいだけなのだから。

　一方，自律分権的な組織の場合には，しっかりプランニングのすり合わせを行い，子会社の責任者に目標達成についてコミットメントをさせた上で，後は自由にやらせる。その代わり，結果責任は厳しく問う。コミットメントした目標が未達であればその責任は取ってもらわなければならない。

　日本企業はここが実に甘い。この悪しき癖の典型例は，多くクロスボーダーM&A，日本企業が海外企業を買収した際によく見られる。以前からの経営者をそのままトップに据えて，ろくな契約も結ばず，大したコミットメントも取らずに経営を続けさせる。本社は株主なのだから，株主としてのガバナンス，特に指名，報酬，監査といった重要な手段を握っているのに使う術を知らない。株主からのガバナンスに受け手として応えることにまだ慣れていないので，ましてや担い手として使いこなせないのだ。経営管理も売上の増大を願うばかりで事業価値などろくに見てもいない。では売上が未達だったらどうするのかといえば，「まあ色々大変だったからもう少し様子を見ようか」となる。

　こうした経営を「長期的視野に立った経営」というのは間違いである。単なる先送りにすぎない。「だから日本の企業は優しいのだ」というのもおかしい。単に甘いだけである。海外の経営者は「優しい企業でよかった」などと感謝はしない。平気で未達の数字を出してくるような輩は，「本社は甘いやつらばかりだ」と小馬鹿にして好き勝手にふるまい始める。本社が気づいた時には手のつけられない状態になっている。ガバナンス（経営者の規律づけ）と経営管理（経営情報の取得と活用）ができていないのに，自律分権型経営などと高らか

に宣言すべきではない。

　話を配当に戻そう。グループ内の疑似会社である事業部門についても，中央集権的な形にするのであれば100％吸い上げて，投資については別途承認とする。自律分権的にするのであれば，配当性向などを定めるとともに，一定金額までの投資については自由にやってよいということにする。もちろん，どちらのタイプも経営管理をしっかり行うということが大前提だ。このためには，改めて本社の役割や全体を見据えた戦略策定，マネジメントサイクルの充実などが必要となる。これらを次章で見ていくこととしたい。

事業ポートフォリオマネジメント を進めるために

 全社戦略と本社の役割

■全社戦略を考える

　ここまで，本社を投資家に見立て，事業部門を事業会社に見立てた上で，事業会社の状況を把握し，将来を予測することのできる経営管理プラットフォームの策定にいそしんできた。より具体的な詳細設計については**第6章**に委ねるが，ここでは，そうした経営管理プラットフォームを用いて遂行しなければならない経営戦略およびそれに関連するいくつかのテーマについて触れておきたい。

　まずは「全社戦略」についてである。経営戦略には，事業戦略と全社戦略がある。事業戦略においては3Cの分析を基本とし，個々の事業における立地と設計を考えることになる。一方，全社戦略とは，複数の事業を傘下に持つ多角化された企業が，それらの事業戦略以外に，より高いレベルでの持続的な競争上の優位性を確立するために策定する戦略である。その中心的内容は，すでに本社の役割として見たとおり，「見極める力」「連ねる力」「束ねる力」の発揮である。すなわち，事業ポートフォリオマネジメント，事業間シナジーマネジメント，全社アイデンティティマネジメントと言い換えてもよいだろう。本書では，このうち事業ポートフォリオマネジメントに焦点を当て，特にその基盤

となるデータインフラの構築に関して多くを述べてきた。こうした基礎体力を鍛えた上で，各事業の将来を見極め，有望な事業領域をどのように成長させていくのか，それによって会社としての企業価値をどのように向上させていくのか，を考えることは，経営の中心的課題の1つである。

　全社戦略と事業戦略とは双方向的な関係でつながっている。前述の「2つの価値」，企業価値の向上と企業理念の実現という最上位目標の下に全社戦略が策定され，個別の事業戦略へと分解されることもあれば，個別事業における市場環境変化や戦略の選択が全社戦略に影響を与えることもある。必ずしもトップダウンを前提としているわけではない。だからこそ，ある意味「面倒くさい」双方向的なコミュニケーションプロセスが必要となるのだ。ロジックとファクト，データを必要とすることもより多くなる。ここまで見てきたような経営のプラットフォーム構築が不可欠になる所以だ。

　全社戦略における事業ポートフォリオマネジメントとは，経営資源配分の意思決定であるともいえる。個別の事業戦略を比較検討しながら，どこにどのくらい経営資源を配分するのか優先順位をつけなければならない。この「比較」して「優先順位をつける」ことは何かにつけて回避されがちである。だが，本来最も重要な意思決定と言ってもよいのではなかろうか。ちなみに，投資家が常日頃やっているのはまさしく相対比較して優先順位をつけることである。本社が内部投資家であるとすれば，この機能は必須である。なかなかドライにはなれないかもしれないが，まずは各事業の位置づけを相対的に理解し，それぞれの事業戦略を吟味して優先順位を考えてほしい。

　全社戦略用のツールとして必ず出てくるのが，ボストン・コンサルティング・グループが編み出したプロダクト・ポートフォリオマネジメント（PPM）である。**図5－1**のような図を皆さんもどこかでご覧になったことがあるだろう。

図5-1 プロダクト・ポートフォリオマネジメント

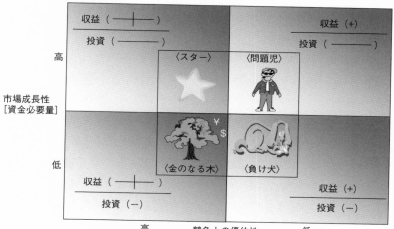

▶問題児（PROBLEM CHILD）市場成長率・高，製品シェア・低

　導入期から成長期にある事業。投資が必要だが，シェアを拡大できれば花形になる。逆に成長が低下すると負け犬になる。まだ先行きはわからず，キャッシュを食うばかりなので問題児と呼ばれる。

▶花形（STAR）市場成長率・高，製品シェア・高

　シェア，成長率ともに高い事業。収入も多いが，増産や競争力強化のための投資も大きい。1人勝ち状態になれば「金のなる木」へ移行する。

▶金のなる木（CASH COW）市場成長率・低，製品シェア・高

　いわゆる成熟市場で流入が多く流出が少ない。企業の収入源で，キャッシュフローの源となっている。ここで得た資金を問題児や花形の投資に充てて，次の成長を形作る必要がある。また，負け犬にならないような戦略を考える必要もある。

▶負け犬（DOG）市場成長率・低，製品シェア・低

　市場成長率もシェアも低い。つまり，資金の流入はなく成長も低い状態。資本コスト割れするようであれば，損害を最小限に食い止めるための撤退や経営資源の回収が必要。

■プロダクト・ポートフォリオマネジメントは「使えるのか」

　このフレームワークの考え方は，キャッシュフローの観点で事業を分類し，企業全体として効率の良い資源配分を検討する上で用いられる。縦軸は「市場成長率」，横軸は「相対的な市場シェア」の2軸を用いる。要は，縦軸は投資

の多寡を表し，横軸は利益の大きさを表すと言ってもよいだろう。そして，各象限を「花形」，「金のなる木」，「問題児」，「負け犬」に分類するというおなじみのフレームワークである。

　では，このPPMを皆さんは実際に使ってみたことがあるだろうか。作ってみた人は多いに違いない。しかし，その結果をどのように用いただろうか。

　実は，現時点でのPPMを一生懸命作ったところで，それだけで得られるものは少ない。要はこれだけでは「使えない」。これは，あくまでも一時点のスナップショットである。その時点での事業間の相対比較をしたりするのには有効だが，一期間のバランスシートを眺めているのと同じで，将来の打ち手についてはあまり語ってくれない。また，結局のところ頭の中にある各事業の位置づけを視覚化したにすぎず，「So What?」となってしまう可能性もある。ではどうするか。

　使い方は2種類ある。1つは，この配置を見てそれぞれの事業における戦略が「型」に合致しているかをチェックする，ということである。「負け犬」に分類されているのに猛然と投資するシナリオになっていたり，「問題児」が問題を正しく把握できていなかったりしたら困るだろう。「金のなる木」がキャッシュフローを囲い込んで手放さない，というのも何とかしなくてはならない。これは実は人的資源配分についても同じことがいえるのだが，ここでは割愛する。

　もう1つは，せっかく将来のファイナンシャル・プロジェクションを作ったのだから，現状のPPMばかり眺めているのではなく，将来のPPMを作ってみる，ということだ。PPMの欠点はそれだけでは極めて静態的にしか見えないということだが，将来版を作ることで何をどうダイナミックに動かせばよいのか，動態的な思考を刺激してくれる。また，こうして考えていくと，PPMというのは，実は事業や製品のライフサイクルを四象限に落としたものであることにも気づかれるはずだ。

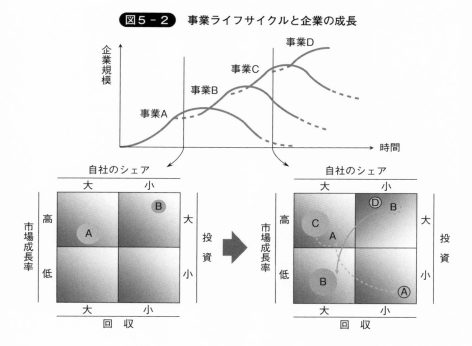

図5-2 事業ライフサイクルと企業の成長

　さて，PPMにはもう１つ欠点がある。「成長率」と「マーケットシェア」だけで考えれば，全くのPL脳だけでの判断ともなりかねない点だ。実は，PPMも投資の多寡と利益の大きさを扱っているという意味ではPL脳にとどまっているものではないのだが，そのあたりはつい忘れられがちである。したがって，前述のオムロンのように，成長率と資本効率を２軸に持ってくるような見方をしたほうが，今の日本企業には適していよう。経済産業省の事業再編研究会が公表した報告書（経済産業省　事業再編研究会，2020）にも，こうした２軸のマネジメントが紹介されている。**図5-3**のとおりだ。

図５－３ 事業再編研究会のPPM

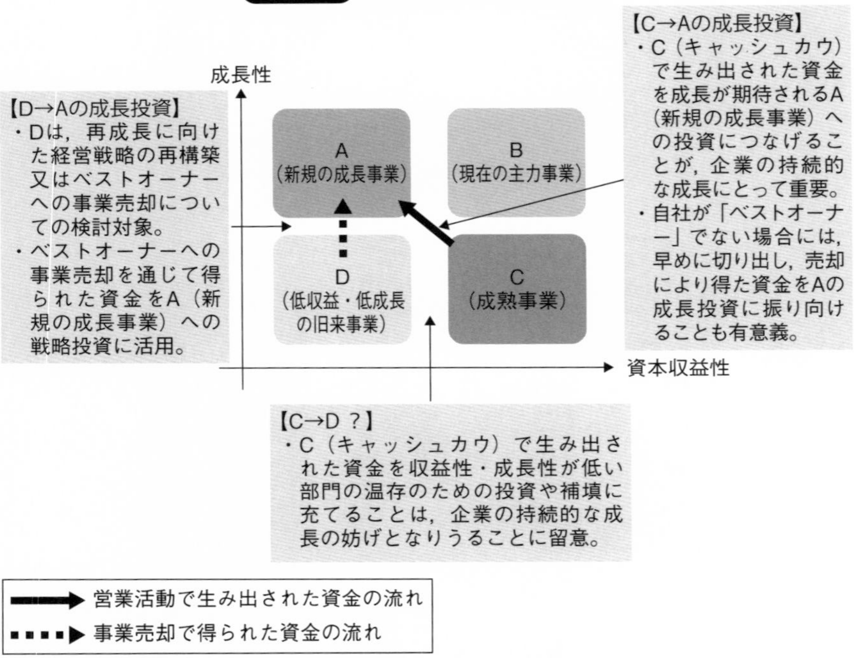

成長性
資本収益性
A
（新規の成長事業）
B
（現在の主力事業）
C
（成熟事業）
D
（低収益・低成長の旧来事業）
【D→Aの成長投資】
・Dは，再成長に向けた経営戦略の再構築又はベストオーナーへの事業売却についての検討対象。
・ベストオーナーへの事業売却を通じて得られた資金をA（新規の成長事業）への戦略投資に活用。
【C→Aの成長投資】
・C（キャッシュカウ）で生み出された資金を成長が期待されるA（新規の成長事業）への投資につなげることが，企業の持続的な成長にとって重要。
・自社が「ベストオーナー」でない場合には，早めに切り出し，売却により得た資金をAの成長投資に振り向けることも有意義。
【C→D？】
・C（キャッシュカウ）で生み出された資金を収益性・成長性が低い部門の温存のための投資や補填に充てることは，企業の持続的な成長の妨げとなりうることに留意。
営業活動で生み出された資金の流れ
事業売却で得られた資金の流れ

（出典：本研究会第１回資料７三瓶委員意見書３-４頁を基に経済産業省において作成）
（出所：経済産業省　事業再編研究会（2020））

■資本効率性を見たポートフォリオマネジメント

ここに至って，ようやくBSを作った苦労も報われよう。ちなみに，**図５－３**には詳細な説明もついている。これを着々と実行できれば理想的である。だが，そんなことは頭では皆わかっている。「わかっているけどやめられない」のが問題なのである。特に，とっくの昔に低成長・低収益事業と化した“旧来事業”であるのに，「我が社のオリジンとなる事業なので，やめようとするとOBなどが反対の大合唱をしてやめられない」「今の現役事業責任者も，まだ黒字ではないか，などと言われると抗弁できない」というのが大方の企業の“本音”だろう。

　OBからの声の多くはノスタルジックなものであるし，それに沿った意思決定をして会社がますます傾いたからといってOBが責任を取ってくれるわけではない。無視するに限る。それができないのは，OBが代表取締役顧問だの相談役だのといって隠然たる勢力を持っているか，現在のトップが過去ではなく将来を見据えて意思決定をする能力がないか，もしくはその両方か，である。いずれにしてもガバナンスの問題である。コーポレートガバナンスの世界において，顧問や相談役の存在が毛嫌いされているのはまさにこうした理由からだ。的確な意思決定のできないような無能なトップを解任する仕組みについてコーポレートガバナンス・コードが熱意をもって語っているのも同じ理由である。

　現役の事業責任者が「まだ黒字だから大丈夫」という場面もよくある。「まあ，あと20年はもつさ」と豪語した猛者にもお目にかかったことがある。あなたはその頃いないけれど，あなたは将来ある部下たちのことを考えたことがあるのだろうか——もう少しドライに批判したければ，せっかく作った経営管理プラットフォームを駆使してこう言おう。「利益が出ているかどうかが問題なのではなくて，とっくの昔に資本コスト割れしているのですけれど」。そう，利益が出ていればよいのではない。元手にかかる資本コストを上回るリターンを挙げているかどうかが問題なのである。そういう意味では，上記の**図5-3**において低収益事業と言っているのは，低資本効率事業なのであって，売上に対する利益率ではなく，資本に対する利益率が低いという意味である。低収益の旧来事業はほとんどの場合資本コスト割れも起こしている。回復の見込みがないなら撤退や経営資源回収について考えるのはマネジメントとしての義務である。

　「いや，私は一担当者なので，とてもそんなことは事業のトップに直言できない」という方もおられよう。それなら上司に言ってもらおう。上司が駄目なら，事業のトップではなく，経営のトップから号令をかけてもらおう。多角化した企業において，資本コスト割れした事業を持っていながら何も感じていないトップというのはさすがに少なくなってきている。前述のとおり，ここで話題にしているのは下世話な言い方をすれば「経営資源の分捕り合戦」なので，

実はそれらを仲裁するには経営トップの力が必要だ。言い換えれば，全社戦略を本当に動かすのは，経営トップの仕事である。したがって，経営トップにも本書に出てきたファイナンスの基礎ぐらいは押さえておいてほしいと繰り返しているが，このあたりはマネジメント・トレーニングとして近々必須のものになっていくだろう。

　ちなみに，経営トップも駄目だったらどうするか。最近では，社外取締役に訴えるという手もある。「そんなおそれ多いことを」とお思いの方，社外取締役には働いてもらってナンボである。気の利いた社外取締役であれば，社内の人々と経営課題について議論するなどという機会には喜んで飛びついてくるだろうし，あなたが悩んでいるその問題には大きな関心を持つだろう。多角化企業の社外取締役を担っているからには，事業ポートフォリオに関心のないはずがないからだ。最近では，取締役会の位置づけも変わり，モニタリング的な役割が増大している。その中で最も大事な議題の1つが「事業ポートフォリオマネジメント」である。コーポレートガバナンス・コードの再改訂を良い機会として，そうした議論の場を仕掛けてみるのもよいのではないだろうか。

　それでも駄目ならどうするか。あなた自身が経営者となって改めるという道が1つ。もう1つは，そろそろそうした旧弊にとらわれた会社と運命を共にすべきかどうか，真剣に考えてもよいのかもしれない。お節介なのでこれくらいにしておくが。

■難しい「ベストオーナー」の議論

　先ほどの**図5−3**で気になる言葉がある。「ベストオーナー」である。この報告書の基となった事業再編研究会でも，おそらく最も議論になった言葉なのではないだろうか。例えば，委員の1人はこのように発言している。少し長いがそのまま引用してみよう。

　　　全体を読んで，個人的に一番印象に残ったのは，ベストオーナー原則というのが非常に強く打ち出されている点である。そもそも事業ポートフォリオ再編

は中長期的に成長して，持続的な価値を生み出すために行うのである。そのために，自社のケイパビリティーに適した強靱な企業体質をつくり出すということである。そういう強靱な企業体質があれば，今のウィズコロナのような逆境にも強く，ポストコロナの環境変化を機会に変えて飛躍することもできるのではないかと思う。そういう強靱な企業体質を作り出す，そのための指導原理がベストオーナー原則なのではないかと思う。このベストオーナー原則の根底にあるのは，企業は社会のための存在であるということで，経済同友会の資料にもあったが，社会の公器であるという考えだと思う。社会から預かっている大事な経営資源，企業が預かっている経営資源，人とか事業であるが，そのポテンシャルを十分に発揮させられるかどうかが問われる。ただ，1つ，少し心配しているのが，「ベストオーナー原則」と言うと，短絡的に「世界中の企業と比べて自分がベストでなかったら直ちに売らなければならないのか」といった誤解を招かないかという点である。実際のベストオーナー原則の運用は，そのような短絡的な，デジタルな判断ではない。重要なのは，ベストオーナー原則を理念型として念頭に置いて，事業ポートフォリオを見直していくということである。

　指針案に記載されているとおり，自分の会社がベストオーナーであるかどうかというのを考える重要な材料は，事業部門の評価である。ステークホルダー，環境，あるいは社会への貢献は当然の前提として，その上で事業の成果が社会的にも十分に評価されているか。これがROICにも反映されてくるし，そして事業を成長させられるかにもつながる。この資本収益性と成長性の2軸が事業のポテンシャルを発揮させられているかどうかの検討の出発点になる重要なメルクマールである。ベストオーナー原則というと，では，ベストオーナーではないから売るということで，縮小戦略というように誤解される方もいると思うが，これは縮小戦略ではなく，伸びるために縮む，あるいは伸びたら一旦縮むということで，強靱な成長のための戦略である。ベストオーナー原則に則って，自社が他社よりもポテンシャルを発揮させられる事業については注力して，さらには買収も含めて拡大していく。

　他方で，自社の外に出た方がポテンシャルを発揮できる事業，これは「幸あれ」ということで快く送り出す。そして，より多くの経営資源にとってのベストオーナーとなる努力を不断に行っていくことが重要である。自らの経営力や組織能力を涵養してガバナンス体制を強化すると，より多くの経営資源を社会から預けていただく資格が出てくる。こういったことが事業ポートフォリオ戦略の本旨なのではないかと思っている。

　この発言は，その後の「ベストオーナー」をめぐる論議の危うさを的確に表現しているように思う。実際に，短絡的な投資家は「この事業のベストオーナーは御社じゃない」などと圧力をかけにいったようだし，そうなると企業も感情的になってしまう。企業としてみれば，どの事業も由緒沿革のある可愛い我が子なのだから当然である。本来は，「もうそろそろ親離れしたら」とか「子供には子供の道があるだろうし」とか「良い人ができたから別に所帯を持とうね」という前向きに考えるべき話をしたいのだが，「ベストオーナー」という言葉だけが独り歩きして，何やら「嫌がる子を親から引き離して泣き別れ」「せっかく育てた愛しい我が子と引き裂かれ」のようなイメージを企業に持たせてしまったような感もある。

　そもそも「ベスト」というのがかなり強い言葉である。本当に世界中のどの企業と比べてもお前はベストなのか，という質問に答えるのは難しいし，そもそも何をもってベストとするのかも難しい。個人的にはベターオーナーぐらいが企業側にも受け入れやすくてよかったのではないかとも思うが，一方，投資家にしてみれば，どんなに資本コスト割れした低収益事業でも死んでも離しません，といった企業には堪忍袋の緒も切れかかろうというものだ。投資家の視点と企業の思いのギャップが図らずも現れ出たような言葉でもある。

　さて，本来は何をしなければならなかったのだろうか。これは，企業側が「投資家からあれこれ言われる前に，自分できちんと事業ポートフォリオマネジメントを行う」ということに尽きる。ここまで見てきたように，1つひとつの事業の数値をきちんと見ていれば，何年経っても資本コスト割れし続けてい

る事業に経営資源を張り付けておくのは機会損失が大きい，ということに気がつくだろう。

この「機会損失」という考え方に日本企業は極めて鈍感だが，100億円あったら，衰退事業にだらだらと垂れ流すよりも，成長事業に投じたいと普通は思うはずだ。また，将来戦略をしっかりとブラッシュアップしていれば，例えば「この事業は規模のメリットが効くのだが，ウチのマーケットシェアではそれが活かせない。だから，マーケットシェアの高いところにこの事業を売却してもっと伸ばしてもらおう」といった考え方が自然に出てくるはずだ。事業再編研究会の報告書でも取り上げられているオムロンによる日本電産へのモーター事業売却はその良い例といえよう。

■「両利きの経営」を実現できるか

では，こうした事業を売却して，その後どうするのか。当然ながら次世代に向けて新しい成長を追求していくことになる。だが，足元も不安定な中，一足飛びに新しい事業にすべてを賭けるというような無茶な真似は，普通はしない。まだ地盤が強固なうちに，その地盤をより固めてしっかりと儲ける仕組みを強化しておきつつ，不要なところに無駄遣いすることはきっぱりやめて，余った経営資源を新しい領域に向ける。既存事業の深化と新規事業への進化を，両方バランスを取りながら行うことのできる企業こそが伸びる。これが最近注目されている「両利きの経営」である。

この話は，多角化企業にこそ実感されるだろう。多角化企業というのは，単に事業をたくさん持っていることを言うのではなく，それらの事業の栄枯盛衰をきちんと見定め，まだ既存事業が元気なうちに次の成長事業へと経営資源を移すことのできる柔軟性を持つ企業のことを言うのだろう。

当然，その過程では結構苦しいこともある。投資家は，さっさと新規事業に移りなさいよ，と言ったかと思えば，既存事業で専業を目指せなどと言ったりもする。株式市場で株式を売買するのとは違って，経営資源を移して新しい領域に根付くためにはそれなりの時間もかかる。少しは気長に待ってほしい，と

思うのは企業の本音だろう。だが，もしそういうことを言うのならば，経営資源を移すにあたっての将来に向けたグランドデザインをしっかりと示し，都度都度に進行状況を説明し，自らがその遂行を定性的および定量的に管理し，それができていることを見せることが不可欠となってくる。本書で述べているようなデータインフラの整備が必要なのは，こうした理由にもよる。

 ## Ⅱ　マネジメントサイクルを回す

■PDCAサイクルはもう古いのか

　PDCAサイクルというと少々オペレーショナルなイメージが強くなるが，経営という領域でもこれを回すことが必要だ。だが，このPDCAサイクル，最近非常に評判が悪い。「もう要らない」「やっても意味がない」「官僚的」「時代はOODAループだ」等々。

　まさに現在PDCAサイクルが置かれている状況を言い表しているような気がするが，ちょっとPDCAサイクルの側を援護するならば，悪いのはPDCAサイクルではない。それを回すスピードが卒倒するほど遅いのだ。加えて本来行うべき中身をきちんとやっていない。オペレーショナルな意味でのPDCAサイクルはいざ知らず，マネジメントにおいては，「PDCAサイクルがある」ことが問題なのではなく，「それを回すことが遅すぎる」あるいは「そのサイクル自体が存在しない」ということのほうがはるかに問題である。

　皆さんの会社でも，ある時期になると猛烈な残業をして予算を立て，もうすっかり次の期も始まっている頃にようやくそれが出来上がり，告知したと思ったらすでに業績評価の時期になっていた，などという笑えない状況がよくあることだろう。こんなものはそもそもマネジメントサイクルでさえない。単なる「予算」というオペレーションをひどく遅く（意図的か？）回して仕事をしている気になっているだけである。

　そもそも，OODAループの2つの「O」は，Observation（観察），Orient

図5-4 マネジメントサイクル

・事業ごとの「戦略」を議論し構築できるプロセス
・トップダウンの方針提示とボトムアップとを組み合わせたサイクルで計画を検討
・具体的なフォームや記載内容まで作りこむ

・投資の実行・撤退判断と決定された投資の実行・運営
・コミットメントを基にした事業推進
・場合によっては事業再生支援・コンサル機能の発揮

・年度限りで終わりにしない
・業績評価と人事報酬との連携（特に経営責任者）
・人事政策自体の見直し（事業，機能，地域…）（人的資源の意味）

・モニタリングと伝達
・共通の判断軸による評価，事業の型の違いに応じた評価の双方を考える
・定量評価，定性評価の双方を考える

（方向づけ）である。これらは，PDCAの「P」の時点で当然やっておくべきことである。それなのにおざなりにしておいて，新しい言葉が出るとすぐに飛びつくというほうが間違っている。もちろん，「P」ばかりやっていればよいというものではない。いつまで経っても分析の海から抜け出せず方向感なく漂っているのは駄目である。本書で見てきたプランニングの一連のプロセスを，ぜひスピード感をもって回してほしい。

■Plan－ここまでの集大成

プランニングを行う上で，意外に行われていないことがある。フォーマットの統一である。実は，フォーマットは人の思考の流れを形作る。「このボックスにこういうことを入れろ」「次はこれだ」という形でフォーマットができていたら，その順番で人はモノを考えるからだ。分析や将来予測を行う際には，必ず「本社と事業部門との間でやり取りする」ためのフォーマットを作ろう。簡単なものでかまわない。また，それとは別に事業部門で詳細な実行計画を別途作るのも全く問題ない。重要なのは，「投資家」である本社に対して，「事業

会社」である事業部門が，ある思考の流れに則って，相対比較が可能となるように，コンパクトにまとめた全体像を提示し，それを双方向でしっかりとブラッシュアップすることだ。事業部門の考える部分最適と，本社の考える全体最適を突き合わせ，解を出す必要がある。事業部門にしてみれば社内IRをしなければならないということであるし，本社側にしてみれば投資家やアナリスト並みの質問力が試される。時間も労力もかかるだろう。

　だが，やらずに放っておけば，外部からアクティビストに介入されて，より厳しい指摘にさらされるだけだ。その前に，グループの中で投資家的な視点から，企業価値向上の余地があるのに行っていない要素があるのかどうか，あるいは企業価値を毀損する可能性のある要素をどうするか，といったことを検討しなければならない。

　なお，1つだけ留意点を述べておきたい。企業家である事業部門は，自分の事業を語るためにはまず内部資源から始めがちである。別に悪いことではない。もともと企業家というのは何かが新しい，面白いと思って事業を始めたのだか

図5-5　定性的なフォーマットの事例

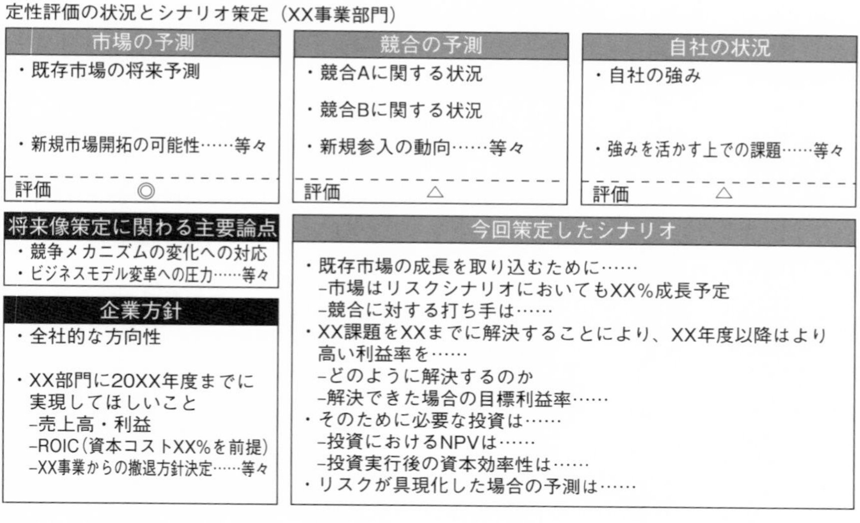

定性評価の状況とシナリオ策定（XX事業部門）

市場の予測	競合の予測	自社の状況
・既存市場の将来予測 ・新規市場開拓の可能性……等々	・競合Aに関する状況 ・競合Bに関する状況 ・新規参入の動向……等々	・自社の強み ・強みを活かす上での課題……等々
評価　◎	評価　△	評価　△

将来像策定に関わる主要論点
・競争メカニズムの変化への対応 ・ビジネスモデル変革への圧力……等々

企業方針
・全社的な方向性 ・XX部門に20XX年度までに実現してほしいこと 　−売上高・利益 　−ROIC（資本コストXX%を前提） 　−XX事業からの撤退方針決定……等々

今回策定したシナリオ
- 既存市場の成長を取り込むために……
  - 市場はリスクシナリオにおいてもXX%成長予定
  - 競合に対する打ち手は……
- XX課題をXXまでに解決することにより，XX年度以降はより高い利益率を……
  - どのように解決するのか
  - 解決できた場合の目標利益率……
- そのために必要な投資は……
  - 投資におけるNPVは……
  - 投資実行後の資本効率性は……
- リスクが具現化した場合の予測は……

図5-6　定量的なフォーマットの事例

・XX事業部門の計数概観（基本シナリオ）

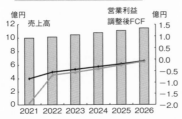

損益・キャッシュフローの状況

□ 営業収益　━ 営業利益
━ 支払利息等調整後FCF

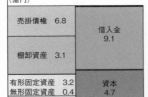

バランスシートの状況（2021）

（億円）

売掛債権 6.8	借入金 9.1
棚卸資産 3.1	
有形固定資産 3.2 無形固定資産 0.4	資本 4.7

投資その他　0.6

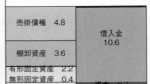

バランスシートの状況（2026）

（億円）

売掛債権 4.8	借入金 10.6
棚卸資産 3.6	
有形固定資産 2.2 無形固定資産 0.4	資本 0.7

投資その他　0.6

主要財務指標

（2021）

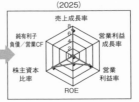

（2025）

事業価値評価の状況

〈支払利息等調整後FCF〉　　　　　　　　　　　　　　（単位：億円）

2021	2022	2023	2024	2025
−1.9	−0.7	−0.6	−0.4	−0.2

〈企業価値〉

1．DCF法（年成長率0.0％にて算出）

割引率	
2.5%	12.2
3.0%	10.6
3.5%	9.4
4.0%	8.5

2．EBITDA倍率15倍にて算出

割引率	
2.5%	7.4
3.0%	7.3
3.5%	7.1
4.0%	7.0

信用格付け

AAA
AA
A
BBB
BB
B
C

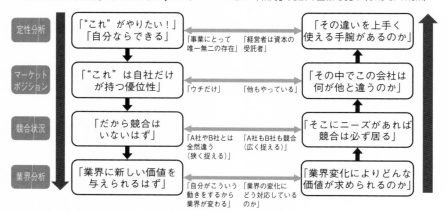

図5－7 投資家と企業家の思考の流れ

「企業の思い」＝事業部門　　　　　「市場の眼」＝本社（コーポレート部門）

■「ある事業」が「新しい・やりたい」と　■「どの事業」が投資すると儲かりそうかと
　感じて起業する　　　　　　　　　　　見比べる
■常に自社は「絶対」的である（Only One）■常に「相対」比較で企業を見る（One of Them）

ら，「これが我々の強みだ→競合などいない→業界に新しい価値をもたらせる」といった思考の流れになるのは自然なことである。新興上場企業のIRにおける説明などはほとんどこのパターンである。

　だが，聞き手である投資家の思考の流れは異なる。投資家はすべてを相対比較の対象とする。したがって，分析の始まりは外部環境からである。アメリカに投資するのか日本に投資するのか，ここからして相対比較である。日本に投資するなら，株式にするのか債券にするのか，はたまた実物資産にするのかも比較しなければならない。株式市場に来たならばどの業界にするのか。業界を特定したらそこにいるプレイヤーはみな競合だ。この中で何が差別化要素となって生き残っていけるのか，その差別化要素を活かして将来につなげる能力のある経営者はいるのか，という点を評価する段になって初めて個別企業に目がいくことになる。

　同じように外部環境と内部資源について分析しても，企業家と投資家では思

考の流れが逆なのである。そして，本社が取るべきなのは投資家的な思考の流れだ。2つの視点が違うからこそ，双方向的なプロセスによってブラッシュアップが図れるのである。全員で同じものだけを見ているならやるだけ無駄だ。したがって，本社側の「内部投資家」たる部門においては，投資家的な思考の流れを基にして事業部門に「ツッコミ」を入れる質問力が求められるのも道理であろう。

■Do－投資の実行と撤退の判断

　経営者にとって，最も困難でありかつ重要であるのは「限られた情報しかない中で，将来取るべき道筋について意思決定を行い，それを実行すること」だろう。事業会社において，この機能が必要になる最も小さな単位は，「投資」の意思決定である。何といっても投資は事業会社の「華」だ。ある特定の事業に関して熟知し，その知見や経験を活かして投資という意思決定を行い，リスクを取ってリターンを得ることのプロであるからこその「事業会社」なのである。まずはその小さな単位で，十分なリターンを挙げることが第一である。

　では，この「十分なリターン」というのは何なのだろうか。頑張ったあなたが一息つけるレベル？　上司が満足する成果？　びっくりするような額の売上？

　そうではない。天文学的な数字の売上を叩き出そうとも，それ以上の費用がかかっていたり，返せない額の借金を抱えてしまったりすればそれは成功とはいえない。すでに見たとおり，資本コストを上回るだけの将来キャッシュフローを生み出すということが必要である。

　こうした投資判断は，全社戦略の肝となるものである。以前は，これらの判断は極めて定性的に行われていた。定量指標といっても，投資回収期間やROI（Return on Investment，投資収益率）といった時間の概念を用いない指標が使われることが多かった。なかにはKKD（根性と勘と度胸）がすべて，という企業もあった。こうした「投資センス」を否定するつもりは毛頭ない。センスがなければ投資にとって最も大切な「タイミング」を捉えられないし，そも

そも企業はアニマル・スピリットがなければ成り立たない。KKDは大事なのだ。だが，それだけでは片翼飛行でもある。

　KKDの産物を，いったんドライな視点から見極めることが必要だ。投資の撤退の場合には状況はより困難だ。事業に携わっている側は，自らその事業をクローズしようとはしない。長く行っている事業ほど思い入れを持つ者も多い。せっかくここまでやったのにもったいない，という意識も働く。だが，これはSunk Cost（埋没費用）である。もったいないのは感情的には理解できるが，いったん意識して区分けしないと判断を誤る。その投資に使われている資金をほかに振り向けたら何ができるのか，という問いかけも必要だ。これはOpportunity Cost（機会費用）の問題である。日本企業が投資判断を行うときには，この2つの「費用」問題は忘れ去られやすい。だが，有限な経営資源をどこに振り向けるのかを考える際には不可欠の要素である。

■Check－業績指標をどう見るか

　企業の将来像を描き，企業価値向上に資する分野への経営資源配分を行い，その成果をきちんと評価し，然るべきフィードバックを行う，この一連のサイクルをきちんと回すことが経営管理であり，そこで用いられるのが管理会計である。従来，日本では管理会計というとほぼ原価計算の領域に関心は集中していた。だが，それを極限まで精緻化するよりも経営的には大事なことがある。

　描いた将来像はどの程度実現しているのか。当初立てた仮説と現実の動きにどのような離齬が生じているのか。こうした点をしっかりとトレースすることで，経営者は，各事業は投資に対するリターンを十分に挙げ得ているのか，そのために取ったリスクは対応可能なのかといった問いに答えを見出すことができる。そして，その結果として目標としている企業価値向上をどの程度達成できているのかを可視化できるのである。

　したがって，このマネジメントサイクルは経済的な企業価値という共通の軸によって回す必要がある。プランニングの時には企業価値向上施策を謳いながら，業績を評価する際には売上しか見ていなかったり，投資判断にはキャッ

シュフローが無関係だったりしてはならない。

　また，この「共通の軸」と，各事業をより良くするための個別のKPI（Key Performance Indicator）を混同してはならない。各事業をより良くするための指標は，各事業の特性に合わせて様々なものがあって当然である。なかには定性的な指標もあるだろうし，プロセス評価も必要になってくるだろう。事業はそれぞれ違うのだから，この各事業におけるKPIを統一するのは不可能だ。リンゴはリンゴなりの育て方があり，ミカンはミカンなりの育て方がある。横に並べて比較したり統一したりする必要はない。

　だが，これら様々な事業にもう1つだけ求められることがある。2つの企業価値をきちんと実現することである。マネジメントサイクルにおいてはまず経済的な企業価値を取り上げたいが，これはすべての事業横並びで結果評価をせざるを得ない。リンゴにせよミカンにせよ，ビタミンＣの含有量はどれが多いのか，という比較である。こうした全社横並びの比較指標としての企業価値と，事業をより良くするための事業ごとのKPIは混同されることが多いが，きちんと分けて管理することが必要である。

　様々な切り口からKPIという言葉は使われるが，根本的な問題として，マネジメントにおける共通の軸としての指標と，事業を良くするためのKPIが峻別されていないこと，それゆえにKPIが漠然としたものになりかねないことは日本企業によく見られる特徴である。企業にとって最も大事なマネジメントの成否を判断するためのKPIでさえこうなのだ。マネジメントサイクルのさらに下位にある様々なPDCAサイクルが，的確なKPIをもって管理されていないのはむべなるかなという感じもする。

■Action－責任者の「責任」を考える

　業績評価を行った後は，それを次のマネジメントサイクルに向けてきちんとフィードバックする必要がある。特に重要なのは事業部門の責任者の処遇である。先に，自律分権経営が放任になりがちと指摘したが，その多くの原因は，このフィードバックがきちんとなされていないことにある。プランニングの際

に「これだけの成果を挙げる」とコミットして，それを達成したのであればその責任者は大いに褒められてよい。

　逆も同じだ。コミットしたのに成果が挙がらなければ，その責任は事業のトップが取らなければならない。そうした人事の処遇や報酬の設計まで，マネジメントサイクルはつながっているだろうか。昨今では，コーポレートガバナンス・コードにおいて「指名と報酬プロセスの明確化」が強く言われるようになってきた。これは投資家と経営者の関係においてもそうであるし，企業内投資家である本社と企業内事業家である事業部門の責任者との間の関係でもいえることである。グループガバナンスの問題だ。

　本来，指名と報酬はガバナンスの肝である。「誰が経営者として適当なのか選ぶ」「問題があれば辞めさせる」という指名の機能は，やはり非常にインパクトが大きい。この権利を持っていることを明確にしておくのはガバナンスの基本である。

　報酬についても，コーポレートガバナンス・コードの導入以来役員の業績連動報酬制度を確立する企業が増えてきた。企業価値向上を実現した責任者には報いるべきであるし，実現できなければそれなりに責任を取ってもらわなければならない。これまで，従業員の給与については人事部門の専権事項であり，役員の報酬については社長の胸三寸であった日本企業の慣習も徐々に変わりつつある。最終的には取締役会，ひいては株主総会の決議に委ねることになるが，自社にとって最適と思われるフィードバックの土台を十分考える必要がある。

■戦略的経営管理サイクル

　こうしたマネジメントサイクルを，別名「戦略的経営管理サイクル」などと呼んだりもする。ちょっとコンサルティング的であまり好きになれないかもしれないが，要は図5−8のような内容である。

　これを見ていると，本社でタコツボ化し，ブツ切れになっている様々なプロセスはすべてつながっていることがわかるだろう。マネジメントサイクルが，部門ごとに分断されている例は多い。それによって見えるはずのものも見えな

図5-8　戦略的経営管理サイクル

Strategic Planning の目的	Strategic Planning（戦略的経営管理サイクル）は以下の3つの問いに対して明快な答えを出すことを目的とする ー会社が目指すゴールは何か？ ーそのゴールを達成するための具体的かつ定量的なプランは何か？ ーそのプランをどのようにしてやり切らせるか？

		統合対象	内　容
Strategic Planning の特徴（5つの統合） 経営管理機能として重要な要素をすべて統合	目標設定	戦略＋数字 （Story）＋ （Financial Results）	■すべての数字を戦略（ストーリー）によって具体化する ■すべての戦略は数値化された上で目標設定を行う
	組織	コーポレート＋事業部門 （Top-down）＋（Bottom-up）	■ゴールはトップダウンで設定し，予算はボトムアップで集計 ■トップマネジメント（コーポレート）と事業部門の双方の参加を促す
	人事	業績＋評価 （Results）＋（Incentive）	■全体の目標に沿う形で個人ベースの目標設定も行う ■目標の達成度に応じた評価を行う
	業務プロセス	目標設定～モニタリング （CEO issue）～（Monitoring）	■目標設定～モニタリングまでの一連のプロセスを統合する ■無駄を省いた実用的・効率的なプランニング ■短期と長中期計画の統合（単年度予算は中計の1年分相当）
	経営指標	財務指標 （収益性・安定性・成長） ＋顧客指標＋…	■各指標を包括的にモニタリングできる仕組みを導入する ■企業価値＝キャッシュフローを重視した管理・モニタリングを行う

くなってくる。そうならないためには，ぜひ本社の部門自体の見直しもしていただきたい。いったん「部門」というくくりを忘れて，すべて「機能」で仕分けをしてみるとよいかもしれない。本社の「機能仕分け」である。

　そうすると，「別に本社でやる必要のない仕事」や「切り出してシェアドサービスにしたほうがよっぽど良い仕事」，あるいは「本社にあるべきなのに

ない機能」などが次々と見つかるはずだ。特に最後の「企業内投資家なら当然
持っていて然るべき機能」がないというのは，実は皆さん実感されているよう
である。日本CFO協会にて行った財務マネジメントサーベイでは**図表5－9**
のような惨憺（さんたん）たる結果が出ている。特に，濃くハイライトした上位の項目につ
いては深刻な問題といえるだろう。

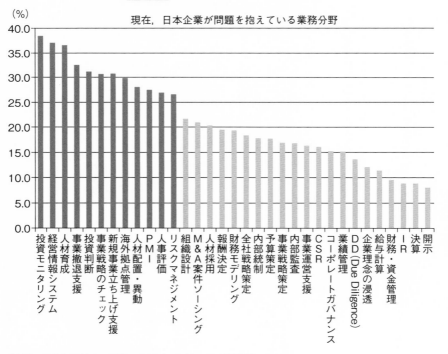

図5－9 財務マネジメントサーベイ

（出所：日本CFO協会　財務マネジメントサーベイ2019）

　企業内投資家であるはずなのに，「投資のモニタリング」ができていないこ
とが悩みのトップである，というのはあまりにも情けない。しかし，それがで
きていない理由は，まさに本書で長らく扱ってきたような経営のプラット
フォームがないからである。これら一連の「問題になっている分野」というの

は，要するに「日本企業の本社には様々な部門があるが，経営に真っ向から取り組み，マネジメントサイクルを回すという機能は全く欠落していた」ということをよく表している。

■では，誰がこれをやるのか

さて，基本編も終わりに近づいてきた。最後の話は，「機能が万全でないのはわかった，経営プラットフォームを作らなければならないのもわかった，だが"誰が"それをやるのか？」というものである。数字のことだから経理部門に投げよう，などとひそかに思っていたりはしないだろうか。だが，経理部門といっても，過去の実績をひたすらルールに則って強制開示，すなわち決算を締めているばかりではこうした機能はおぼつかない。

別に欧米が素晴らしいわけではないが，こうした機能を欧米の企業で担っているのは「CFO」である。これに最も近い機能は，日本では実は経営企画部門が担っているのは先ほども述べたとおりだ。ただ，経営企画部門はなぜかPL脳に染まっているので，BSとCFについては経理と財務部門任せのところがある。ここでも分断の弊害が表れているといえよう。

それはさておき，今は機能として必要な点に絞って見ておきたい。詳細は拙著（北川ほか，2019）に記したので割愛するが，CFOの主な機能としては以下が挙げられよう。

① 　コミュニケーターとしてのCFO
② 　ストラテジストとしてのCFO
③ 　インベスターとしてのCFO
④ 　シナジー・マネージャーとしてのCFO
⑤ 　インテグレーターとしてのCFO

これらはいずれも，日本企業のこれまでの経営の中では十分に光を浴びていなかった分野でもある。それゆえに，現在その「不在」がクローズアップされている。本書においては，特に②と③の機能に重点を置いて見てきた。まず，

ここの部分を動かしていかなければ，他の機能へと展開することは難しいからだ。本書で見てきた経営のプラットフォームを創り上げることが，これらの役割を十全に果たしていくための第一歩といえるだろう。より良い企業の将来のために，ぜひ一歩を踏み出していただきたい。

事業ポートフォリオマネジメントの実践

 事業ポートフォリオマネジメント手法

　前章までに，事業ポートフォリオマネジメントのコンセプト・重要性・方法を述べてきた。第6章では，具体的な計算方法を示すことにより，実務者が事業ポートフォリオマネジメントを実践する方法を示したい。2020年7月，経済産業省は「事業再編実務指針～事業ポートフォリオと組織の変革に向けて～」（経済産業省 事業再編研究会，2020）（以下「事業再編実務指針」という）を公表した。この実務指針では事業ポートフォリオマネジメントの在り方，内部統制システムの在り方等，今後の事業ポートフォリオマネジメントの方向性が強く示されている。日本においても，ダイナミックな事業再編により筋肉質な高収益企業が増えることが望まれる。

　ところがそのような状況が実現するまでの道のりは長い。まずは財務の状況を把握する必要がある。連結企業体の財務諸表は完備されているが，部門別の財務諸表はどうであろう。現実にバランスシートを含めた部門別の財務諸表を完備している会社は上場企業，あるいは上場大企業でも多くはないというのが実情である。企業戦略を練る際には財務諸表は必須である以上，部門の戦略立案には部門の財務諸表は不可欠である。先の実務指針はこのような企業に現実的な方向性を示すという点で意義深い。

　事業再編実務指針の中で一部財務諸表の作成方法が述べられているが，これ

だけでは実際の財務諸表を作成することは難しい[1]。この困難さの要因としては，財務諸表作成に必要なデータ収集の困難さ，部門の共同資産の分割の難しさ，部門間での資本や負債の取り合い・譲り合いなど，様々なものが存在する。例えば，長年会社の柱となってきた事業は資本が潤沢であるべきという過去からの考え方と，これから広げていくべき事業は資本を厚くすべきという未来志向の考え方が社内でぶつかると，これを解決するのは一筋縄ではいかない。そういう場合には，定量的な方策など別の次元からの示唆が有効であろう。

さらに，事業再編実務指針では，財務諸表を作っただけで十分とはされておらず，資本収益性をベースにした経営管理を求めている。資本収益性を求めるためには，株主資本コストやWACC（加重平均資本コスト）を求める必要があり，そのためには財務諸表全体があった上で，β値等のさらに広範な情報が必要となる。

本章で目指したことは，第1に実務家が事業部別の財務諸表を作成する際の参考となる解説を行うことである。事業部別の財務諸表の作成について述べた解説書はいくつかあるが，実務家が最後まで数値を求められるような参考書はほとんど例がない。ここでは，バランスシートを含む財務諸表の実際の作成方法を，極力ステップが飛ばないように具体的な数値例を挙げながら述べていくことにする。

第2に，資本収益性が管理可能な体系の提示である。株主資本コストの算出の基になるβ値は，部門単体では参照する株価がないため直接は得られない。このような場合の対処法も示したい。

第3に，将来の業績のシナリオの作成方法を示す。例えば社内で作成したシナリオが，業界を見渡した時にどの程度の位置づけなのかがわかり，適切なシナリオなのか，無理のあるシナリオなのかが判断できるような方法を示す。

---

[1] 事業再編実務指針では，別紙：「事業セグメントごとのバランスシートの作成方法と資本コストの算定方法」に資本賦課の方法の記載があるだけであり，バランスシート全体の作成方法までの言及はない。

■部門別財務諸表作成

　事業ポートフォリオマネジメントを行うにあたり，まずは事業部門ごとに財務諸表を作成する必要がある。前章までに述べたとおり，事業部別財務諸表は管理会計のために作成する。そのため，1円単位の正確性はもとより不要であり，おおよその傾向が捉えられれば十分に目的を果たす。実際には，各社が持つ情報が大きく異なることや部門の特性の違いによって，企業ごとに作成方法は異なるであろう。

　バランスシート，損益計算書の2表を作成していく[2] わけであるが，（売上・営業利益・総資産の3項目は，多くの上場企業で公表済みのケースが多いため，部門別にすでに数値として得られているという前提で話を進める）作成のしやすさから考えると，損益計算書の売上と利益，バランスシートの総資産（資産勘定）から始めるのが取り組みやすい。

■部門別バランスシート作成方法

　まずは，企業財務の柱となるバランスシートの作成から行う。

▶本社コスト

　独立部門として本社コストを設けている企業が，数は少ないが存在する。事業は行わずコストだけ発生する事業部を設定している場合は，後述する売上高割賦（もしくは，総資産割賦）によりコストを各事業部に割り振り，バランスシートの作成を行う必要がある。

▶バランスシートの勘定科目ごとの合計値が連結と一致する

　部門別のバランスシートの各勘定科目（例えば，現預金）の合計値が，連結の同一勘定科目と一致する必要がある。さらに，勘定科目によっては，各項目

---

[2]　キャッシュフロー計算書は，2表の情報を積み上げれば算出できるので，本書では2表の作成方法を示すにとどめる。

がプラス値でなければならない場合がある。例えば，現預金はマイナスにはならないといったことも制限に加わってくる。

　例えば，**表6-1**バランスシートの資産側において，勘定科目Aの部門合計は連結の勘定科目Aと一致する必要がある。すなわち，$Acc_1^k + Acc_2^k + Acc_3^k = Acc^k$, k = (A, B, C, D) となる。

表6-1　バランスシートの制約（資産側）

	部門1	部門2	部門3	連結
勘定科目A	Acc_1^A	Acc_2^A	Acc_3^A	Acc^A
勘定科目B	Acc_1^B	Acc_2^B	Acc_3^B	Acc^B
勘定科目C	Acc_1^C	Acc_2^C	Acc_3^C	Acc^C
勘定科目D	Acc_1^D	Acc_2^D	Acc_3^D	Acc^D
合計	Acc_1	Acc_2	Acc_3	Acc

▶**資産の各勘定科目の合計値が部門の総資産と一致する**

　表6-1において，部門1の勘定科目A～Dの合計は，部門1の総資産と一致する必要がある。すなわち，$Acc_i^A + Acc_i^B + Acc_i^C + Acc_i^D = Acc_i$, i=(1, 2, 3) である。

■**バランスシート 資産サイドの計算方法**

　バランスシートの資産側は，実体のある（例，現金，投資有価証券）勘定が多く把握しやすいため，負債・純資産側と比較し部門別のバランスシートの作成がしやすい。ここでは，4つの方法につき解説する。

▶**資産サイド分配方式**

①　実測方式

　　資産は固定資産のように事業部別に把握可能な場合が多く，企業によっては勘定科目ごとの資産額を把握している場合がある。もし，資産の勘定科目ごとの集計がすでに済んでいる場合は，この数値を採用すれば正確性は高い。

② 資産配賦方式

　部門別の総資産割合にて連結の各勘定科目の値を分割する方式。有価証券など売上に依存しない勘定は，この方法を用いたほうが納得感は高いと想定される。

③ 売上配賦方式

　部門ごとの売上の割合により，資産を割り振る方式。各部門の原価率が比較的同じ水準であれば，この方法が簡易であり採用しやすい。

④ 売上回転期間方式

　各部門の所属する業種の各勘定科目の売上高回転期間を取得（例えば，所属するセクターの平均値を用いる）し，部門の売上にかけ合わせることにより，部門別の勘定科目値を得る。例えば，売上債権額は売上高に直接リンクするため，業種の売上高売上債権回転期間の平均値を用いれば，入金サイトも考慮されることになり，リアルな数値が得られる。

▶負債・純資産分配方式

　部門別負債・純資産の勘定を決めることは，資産側に比較して難しい。特に，株主資本を部門間で分割することについては，部門間の力関係などがあるため社内で定性的に決めることは避けたい。ここでも定量的な設定が重要となる。負債・純資産額が決まるとバランスシートの骨格が出来上がることになり，ここが部門別バランスシート作成のカギとなる。

① 資産レバレッジ方式[3]

　各資産にあらかじめ定めた掛目をかけて，負債と株主資本の割合を決定する方法。簡便な方法であるが，掛目の設定の根拠を説明することが難しい。

---

(3) 純資産分配の①〜④の方式に関しては，松田千恵子（2019）に詳しいので参照されたい。

資産の内訳	金額	掛目	株主資本組入れ
現預金	10億円	0%	0億円
有価証券	10億円	0%	0億円
売掛債権	10億円	20%	2億円
その他流動資産	10億円	40%	4億円
有形固定資産	10億円	60%	6億円
子会社投資	10億円	100%	10億円
合計	60億円		22億円

表6-2 資産レバレッジ方式の計算例

② ベンチマーク方式

部門の類似する企業の資本構成を取ることで，負債と株主資本の割合を設定する方法。平均的な負債・純資産構成を取るため負債・純資産のバランスは良くなる。できるだけ類似性が高い企業を採用することがカギとなる。例えば，次式のように業種平均の自己資本比率を用いて，負債額と純資産の額を計算することができる。他にも，流動負債比率など勘定科目の割合が算出できれば，部門別の勘定科目が算出できる。

（部門負債）＝（部門総資産額）×（1－自己資本比率）
（部門純資産）＝（部門総資産額）×（自己資本比率）

③ 損益計算書方式

固定費と変動費の割合から事業リスクを算出し株主資本額を設定する方法。

④ 実績配賦方式

各部門が過去に蓄積した内部留保から株主資本額を設定する。例えば，部門1，2，3の現在までの利益がa：b：cのとき，この割合に応じて連結の株主資本を割り振る。すなわち，次のようになる。

$$（部門1株主資本）＝\frac{a}{(a+b+c)}×（連結株主資本）$$

$$（部門2株主資本）＝\frac{b}{(a+b+c)}×（連結株主資本）$$

$$（部門3株主資本）＝\frac{c}{(a+b+c)}×（連結株主資本）$$

⑤　売上回転期間方式

　　資産側と同様の方法。例えば，買入債務は売上に直接リンクするため，買入債務回転期間に売上をかけることにより計算することが可能である。

$$（部門1買入債務）＝（部門1売上）×\frac{（部門1買入債務回転期間）}{12ヶ月}\cdots\text{数式1}$$

　　ただし，この方式は負債の各勘定を計算できるが，株主資本そのものを計算するためには用いることができない。

　　それぞれの方式の長所・短所を一覧にしてみる。

表6－3　株主資本配賦方法の長所・短所

方　式	長　所	短　所	実現性
資産レバレッジ方式		掛目の設定方法が不明	×
ベンチマーク方式	バランスよい配賦が可能	売上に応じた配賦にならない	○
損益計算書方式		固定・変動費の計算が困難。リスク計測も困難	×
実績配賦方式	社内の納得感は高い	新規部門にはほとんど資本配賦がない	△
売上回転期間方式	売上に応じた値になるため，現実的な数値になる	株主資本の算出には使えない	◎

　　バランスシートの勘定科目の算出方式を一通り紹介したが，勘定科目ごとに計算方法をバラバラに設定するか，すべて同じ方式にするかが1つの判断の分かれ目になる。全部同じ方式で行えば計算は楽であるが，勘定科目の性質に応じてバラバラに設定するほうが，出来上がったバランスシートはよりリアルになる。

■損益計算書作成方法

　　次に，損益計算書における勘定科目ごとの計算方法の一例を述べる。

① 売　上

部門の売上は所与のものとしている。

② 利　益

部門の営業利益も所与のものとしている。

③ 営業外利益・営業外費用

部門別の営業外利益・営業外費用は，連結の営業外利益・営業外費用に，部門の資産額（もしくは売上額）の割合をかける配賦方式により計算することで十分であろう。

④ 利　益

部門別の各利益は，積上げ方式で順に計算する。各部門の営業利益と営業外利益・費用から，経常利益を算出する。さらに，特別利益・特別費用が発生した場合は，部門の資産額（もしくは売上額）の配賦方式により計算する。特別利益・特別費用から税引前当期純利益，税率を考慮し税引き後当期純利益が計算される。

ここまでに，バランスシートと損益計算書の作成方法を紹介した。

 ## Ⅱ　部門別財務諸表の作成例

このセクションでは，部門別財務諸表をステップごとに数字を追いながら実際に作成してみる。例として，東武鉄道を取り上げ，部門別財務諸表の作成を行う。東武鉄道を取り上げたのは，安定した運輸事業を主として行っている一方で，事業性・収益性の異なる不動産事業などの部門を持っていて事業性が広く，かつ類似した企業が複数あり比較がしやすいためである。

■連結財務情報の取込み

連結財務諸表は，上場企業であれば有価証券報告書から容易に取得できる。表6－4は東武鉄道のバランスシートであり，部門別に財務諸表を作成する際にも必須の情報なのであらかじめ準備をしておく。

表6-4　連結財務諸表

【連結貸借対照表】

（2020年3月31日）

（単位：百万円）

（2020年3月31日）

資産の部		負債の部	
流動資産		流動負債	
現金及び預金	31,593	支払手形及び買掛金	47,454
受取手形及び売掛金	53,384	短期借入金	43,466
短期貸付金	1,160	1年内返済予定の長期借入金	54,380
有価証券	58	1年内償還予定の社債	34,420
分譲土地建物	21,673	未払費用	6,716
前払費用	2,852	未払消費税等	2,727
その他	30,858	未払法人税等	8,361
貸倒引当金	△196	前受金	89,358
流動資産合計	141,385	賞与引当金	2,773
固定資産		商品券等回収損失引当金	4,674
有形固定資産		資産除去債務	351
建物及び構築物	543,177	その他	84,606
機械装置及び運搬具	86,284	流動負債合計	379,291
土地	637,388	固定負債	
建設仮勘定	116,462	社債	133,820
その他（純額）	17,408	長期借入金	511,451
有形固定資産合計	1,400,720	鉄道・運輸機構長期未払金	10,327
無形固定資産		繰延税金負債	3,939
公共施設等負担金	884	再評価に係る繰延税金負債	50,606
その他	17,023	役員退職慰労引当金	898
無形固定資産合計	17,908	退職給付に係る負債	51,732
投資その他の資産		資産除去債務	2,654
投資有価証券	50,728	その他	37,401
長期貸付金	143	固定負債合計	802,830
破産更生債権等	894	負債合計	1,182,122
退職給付に係る資産	2,817	純資産の部	
繰延税金資産	15,199	株主資本	
その他	27,893	資本金	102,135
貸倒引当金	△1,599	資本剰余金	50,863
投資その他の資産合計	96,077	利益剰余金	256,511
固定資産合計	1,514,706	自己株式	△4,442
資産合計	1,656,092	株主資本合計	405,069
		その他の包括利益累計額	
		その他有価証券評価差額金	11,365
		土地再評価差額金	47,506
		為替換算調整勘定	58
		退職給付に係る調整累計額	1,648
		その他の包括利益累計額合計	60,578
		非支配株主持分	8,321
		純資産合計	473,969
		負債純資産合計	1,656,092

■部門別情報の取込み

　部門別の財務情報であるが，日本の上場企業であれば，EDINETを活用するのが便利である。**表6-5**は，EDINET[4] のページにて東武鉄道を検索し，2020年3月期の有価証券報告書に記載されたセグメント情報である[5]。

　セグメント情報によると，東武鉄道のセグメントは，「運輸事業」，「レジャー事業」，「不動産事業」，「流通事業」および「その他事業」の5つである。

　「『運輸事業』は，鉄道，バス，タクシー等の営業

　『レジャー事業』は，遊園地，ホテル，飲食業，スカイツリー業等

　『不動産事業』は，土地及び建物の賃貸・分譲

　『流通事業』は，駅売店，百貨店業，ストア業等

表6-5　セグメント情報

単位：百万円

	報告セグメント						調整額	連結財務諸表計上額
	運輸事業	レジャー事業	不動産事業	流通事業	その他事業	計		
営業収益								
外部顧客への営業収益	211,801	70,593	51,007	263,012	57,458	653,874	—	653,874
セグメント間の内部営業収益又は振替高	3,625	1,478	16,905	3,405	53,054	78,469	△78,469	—
計	215,427	72,072	67,912	266,418	110,513	732,343	△78,469	653,874
セグメント利益又は損失（△）	37,659	3,116	14,468	3,364	5,375	63,984	△1,330	62,653
セグメント資産	972,327	225,098	343,932	142,256	251,121	1,934,736	△278,644	1,656,092
その他の項目								
のれんの償却額	—	1,126		380	—	1,506	25	1,532
減価償却費	34,713	5,460	10,146	3,678	1,443	55,442	—	55,442
減損損失	71	1,117	853	372	6	2,421	—	2,421
有形固定資産及び無形固定資産の増加額	63,962	18,377	14,096	4,685	1,994	103,116	—	103,116

(4)　https://disclosure.edinet-fsa.go.jp/
(5)　セグメント情報は，「第5　経理の状況」の「連結財務諸表注記」または「セグメント情報」に記載されている場合が多い。

　『その他事業』は，建設業，電気工事等」
との記載がある。事業部門別売上・利益・資産額は同じくセグメント情報⁽⁶⁾に，
表6－5のように記載されている。
　表6－5には，部門の売上に当たる営業収益として「外部顧客への営業収
益」と「セグメント間の内部営業収益又は振替高」の2通りが記載されている。
ここで，2つの営業収益のどちらを入力するかで財務諸表の意味合いが変わっ
てくる。

▶「外部顧客への営業収益」を基準とする場合

　「外部顧客への営業収益」は部門間の売上と利益を控除した各部門の売上に
なる。この営業収益の合計値は，連結の売上と一致する。そのため，部門別の
財務諸表を作成する際には，部門間の売上調整等の必要がなく，扱いやすい。
多くの日本の企業では，こちらをベースに計算を行えばよいであろう。

▶「セグメント間の内部営業収益又は振替高」を使用する場合

　「セグメント間の内部営業収益又は振替高」は，部門間の売上高の数値であ
る。実際に利用する場合は，「外部顧客への営業収益」と合わせた数値（**表6
－5**の「計」の値）を使う。これは1部門が独立した場合，他の部門は別会社
として通常の取引を継続することを想定した数値となる。そのため，部門の買
収の場合のように，1部門を独立した1企業とみなし評価を行う場合は「セグ
メント間の内部営業収益又は振替高」を加算した額を基準として財務諸表を作
成する必要がある。ただし，全部門が独立企業であることを前提とするため，
連結との関係性は失われ，財務的にも現預金，運用資金，費用（本社，研究所，
その他）のすべてにつき見直しが必要となる。そのため，管理会計の目的には
適さない数値である。

---

(6)　セグメント情報の「3　営業収益，利益又は損失，資産，その他の項目の金額に関す
　る情報」にて参照可能。

▶「外部顧客への営業収益」を基準としたときの入力例

　ここでは，前者の「外部顧客への営業収益」を部門別の売上とする。前例での売上・営業利益・資産の情報を抜き出すと**表6－6**のようになる。

表6－6　売上・利益・資産のサマリー

（単位：百万円）

事業部	売　上	営業利益	総資産
運輸事業	211,801	37,659	972,327
レジャー事業	70,593	3,116	225,098
不動産事業	51,007	14,468	343,932
流通事業	263,012	3,364	142,256
その他事業	57,458	5,375	251,121
部門合計	653,871	63,982	1,934,734
連結	653,874	62,653	1,656,092

（小数点以下の端数処理の関係上誤差あり）

　このうち，部門別営業利益（**表6－5**の中の「セグメント利益又は損失」）と部門別総資産（表中の「セグメント資産」）は，「調整額」が記載されており，それぞれセグメント利益が△1,330，セグメント資産が△278,644となっている。財務諸表作成上，このセグメント利益とセグメント資産は，どこにも属さない（あるいは，本社に属する）利益と資産に相当する。部門別の財務諸表は合計すると連結の財務諸表と一致する必要があるため，このセグメント利益とセグメント資産の調整額は，部門別の損益計算書とバランスシートに加算される必要がある。

　加算の方法はいくつか考えられる。例えば，調整額を部門の売上割合で割り振る方法が考えられる。ここでは簡便に，利益調整額を部門別売上の割合に，資産調整額を部門別総資産の割合に応じて分配する。具体的には，次のようにする[7]。

　（部門別修正売上）＝（利益調整額）×（部門売上）÷（部門売上合計額）

　（部門別修正資産）＝（資産調整額）×（部門資産）÷（部門資産合計額）

　営業利益と資産について部門別の合計額と連結との値が一致していることが確認できる（**表6-7**の網掛け部）。これは，部門別財務諸表の出発点としては非常に重要である。目的値が異なってしまうと，出来上がった部門別の財務の合計値が連結と合わなくなるためである。部門別財務諸表は管理会計目的で作成されるため，財務会計ほどの精度は要求されないが，部門別の合計値が連結と合致していることは最低限の条件である。

　ここまでに，部門別の売上・営業利益・資産の数値が揃い，部門別の財務諸表作成の準備が整ったことになる。

表6-7　　修正後売上・利益・資産のサマリー

（単位：百万円）

事業部	売　上	営業利益	総資産
運輸事業	211,801	36,876	832,291
レジャー事業	70,593	3,051	192,679
不動産事業	51,007	14,167	294,398
流通事業	263,012	3,294	121,768
その他事業	57,458	5,263	214,954
部門合計	653,871	62,652	1,656,090
連結	653,874	62,653	1,656,090

（小数点以下の端数処理の関係上誤差あり）

■株主資本の計算

　部門別の総資産額が決まっているので，次に負債と純資産の額を分割する。純資産は株主資本（資本金と剰余金），評価・換算差額，新株予約権，少数株主持分にて構成されるが，大きくは株主資本が占める。そこで，株主資本を**表6-3**にて紹介した算出方法のうち，②ベンチマーク方式にて算出する[8]。

---

(7)　例えば，東武鉄道の例では，運輸部門の調整後利益額は次のようになる。（運輸部門調整後利益額）＝37,659÷（37,659＋…＋5,375）×（－1,330）＋37,659＝36,876.

(8)　その他の評価・換算差額，新株予約権，少数株主持分に関しては，株主資本に比して少額のため部門の資産割合にて配賦すれば十分であろう。

▶ROEから株主資本を求める

営業利益が与えられているため，ROEを用いると株主資本を逆算することができる。

ROE＝（営業利益）÷（株主資本）[9]。すなわち，（株主資本）＝（営業利益）÷ROEから，自己資本を求めることができる。

ROEを事業部ごとに求める方法は，いくつか考えられる。各事業部と類似する企業を選択し，その類似企業のROEの平均値を採用する方法が１つである。また，各事業部門が属する業種のROEの平均値を採用してもよい。

東武鉄道の運輸事業について例として見てみると，運輸事業を東証33業種内で選択すると陸運業の業種に該当する。ただし，陸運業の業種にはJR各社も属しており，東武鉄道と比較すると規模的に大きい企業も入ることになる。ここでは，規模を考慮した私鉄各社[10]のROEの平均値を取ることにする。その他の事業部も同様にして，類似企業か所属業種のROEを取得すると**表6－8**のようになる。

表6－8 事業部別適用ROE

事業部	ROE
運輸事業	12.5%
レジャー事業	18.4%
不動産事業	17.4%
流通事業	8.7%
その他事業	19.3%

---

(9) 通常ROEの計算においては純利益を用いるケースが多い。ここでは，入力値に営業利益があるため，営業利益ROEを用いている。

(10) 売上が500億円以上3000億円以下の私鉄にて検索をし，大阪市高速電気軌道，阪急電鉄，近畿日本鉄道，相鉄ホールディングス，京浜急行電鉄，京成電鉄，西日本鉄道，近鉄グループホールディングス，阪急阪神ホールディングス，南海電気鉄道，京阪ホールディングス，名古屋鉄道の12社を選択した。

▶自己資本比率から株主資本を求める

　次に，部門別の資産額が与えられているため，自己資本比率を用いると株主資本を算出できる。（自己資本比率）＝（株主資本）÷（資産）。すなわち，（株主資本）＝（資産）×（自己資本比率）から，株主資本を求めることができる。ROEと同様に，自己資本比率を求めた結果が**表6-9**となる。

表6-9　部門別適用自己資本比率

事業部	自己資本比率
運輸事業	30.8%
レジャー事業	46.4%
不動産事業	32.6%
流通事業	35.4%
その他事業	41.5%

▶事業価値から株主資本を求める

　株主資本を求める別の方法として，部門ごとのリスクの代替変数としての株主資本コストや将来のキャッシュフローから求めた事業価値といった変数で割り当てる方法も考えられる。ただし，株主資本コストや事業価値は財務情報がいったん出来上がってから算出されるため，一度計算後株主資本を入れ替えて再度財務諸表を作成するといった手順になる。

　ここではROEと自己資本比率から株主資本を求める方法を使う。ROEと自己資本比率から逆算した株主資本は，それぞれ**表6-10**の株主資本1，株主資本2となる。2つの計算方法による株主資本を比較するとレジャー事業とその他事業は大きく違いが出るが，メインとなる運輸事業，不動産事業，流通事業は15％程度の違いであり，推定値としては十分に近い値である。ここでは株主資本1，株主資本2の平均値を取り，部門別株主資本の額とする。

表6-10 株主資本計算例

(単位：百万円)

事業部	営業利益 (a)	資産 (b)	ROE (c)	自己資本 比率 (d)	株主資本1 (e=a/c)	株主資本2 (f=b×d)	平均値 (=(e+f)/2)
運輸事業	36,876	832,291	12.51%	30.80%	294,839	256,376	275,607
レジャー事業	3,051	192,679	18.29%	46.33%	16,683	89,270	52,977
不動産事業	14,167	294,398	17.41%	32.62%	81,362	96,029	88,696
流通事業	3,294	121,768	8.68%	35.36%	37,949	43,054	40,502
その他事業	5,263	214,954	19.21%	41.50%	27,392	89,196	58,294

（小数点以下の端数処理の関係上誤差あり）

▶各勘定科目の計算

　部門別の資産・負債・株主資本の額が決まったら，次にバランスシートの各勘定科目に分配する。ここで問題となるのが，勘定科目の粒度（細かさ）である。財務会計（例えば，**表6-4**）のような細かな勘定科目までは不要であるが，粗すぎても（例えば，資産を流動資産・固定資産の2つだけにする）使い勝手の良くないバランスシートが出来上がってしまう。

　もう1つ考えておかなければいけない点は，分配の方法である。部門の資産の各勘定科目に資産を分配する場合，部門資産割合＝部門資産額÷連結資産額としたとき，部門資産割合で全勘定科目を割り当てれば（141頁の②資産割賦方式）簡単であるが，この場合部門ごとの売上に対する影響度合いの差異が反映されない。例えば，部門ごとに原価は異なるはずであり，営業利益率は違いがあるべきである。一方で，投資その他資産のような勘定科目は資産額に依存すべきである。

　本書では，売上に依存する勘定科目は売上高回転期間を用いて計算（141頁の④売上回転期間方式）し，資産に依存する勘定科目は部門別資産額を用いて計算（資産割賦方式）する。勘定科目ごとの採用方式の一覧は**表6-11**に示す。

表6-11　勘定科目と割賦方式

勘定科目	割賦方式	勘定科目	割賦方式
資産	積上げ	負債	積上げ
流動資産計	積上げ	流動負債計	積上げ
現預金	売上回転期間方式	買入債務	売上回転期間方式
有価証券	資産割賦方式	借入金（長短＋社債）	売上回転期間方式
売上債権	売上回転期間方式	その他流動負債	調整項
棚卸資産	売上回転期間方式	固定負債計	負債割賦方式
その他流動資産	調整項		
固定資産計	積上げ	純資産	積上げ
有形固定資産	資産割賦方式	株主資本	ベンチマーク方式
建物・設備等	資産割賦方式	資本金	連結内訳
土地	資産割賦方式	剰余金	連結内訳
その他有形固定資産	資産割賦方式	評価・換算差額	資本割賦方式
無形固定資産	資産割賦方式	少数株主持分等	資本割賦方式
投資その他の資産	売上回転期間方式		
繰延資産	資産割賦方式		

　表6-11にて，「積上げ」は勘定科目の累積を，「調整項」はバランスシートをバランスさせるための調整項目をそれぞれ指す。売上回転期間方式は，株主資本の計算時に利用したように各部門が所属するセクターの平均値等を利用すればよいであろう。

　この基準を使い，東武鉄道の調整する前の1次のバランスシートを作成すると表6-12になる。ここでは資産項目のうち主要科目のみを掲示する。

　表6-12において，各勘定科目の部門間の合計値と連結値との間に差異がある。例えば，現預金の部門合計値は47,084（百万円）であるのに対し，連結では31,593（百万円）である。これをここでは横方向差異と呼ぶ。同時に，各部門の資産科目の合計値である資産計と，表6-7にて求めた各部門の修正資産額である部門資産修正値との間にも差異がある。例えば，表6-12の運輸部門の資産勘定合計値743,141（百万円）と部門主要資産額745,757（百万円）である。これを縦方向差異と呼ぶ。この2つの差異は両方向同時に0にする必

表6-12 部門別バランスシート（資産，主要科目）

（単位：百万円）

	運輸事業	レジャー事業	不動産事業	流通事業	その他事業	部門合計	連結
現預金	14,281^(※)	8,587	8,577	3,295	12,344	47,084	31,593
売上債権	15,652	1,297	1,367	10,046	11,010	39,372	53,384
棚卸資産	24,324	901	31,222	6,854	7,805	71,106	21,673
建物・設備等	322,822	74,735	114,189	47,230	83,375	642,351	646,869
土地	319,658	74,002	113,069	46,767	82,557	636,053	637,389
投資その他の資産	46,406	8,224	4,884	18,881	3,976	82,371	96,077
合計	743,143	167,746	273,308	133,073	201,067	1,518,337	1,486,985
部門主要資産額	745,757	171,951	263,894	110,275	195,108		

（小数点以下の端数処理の関係上誤差あり）

（※）売上回転期間方式により，（資産額）×（現預金回転期間）＝832,291×0.81÷12＝14,281

要があるため，各部門各勘定科目の値を調整する。

■横方向差異調整（対連結調整）

勘定科目ごとに連結との整合性を取る方法はいくつか考えられるが，ここでは簡便に資産額配賦にて差額を割り振ることにより行う⁽¹¹⁾。

各勘定科目にて（差額）＝（部門合計）－（連結値）のとき，（調整額）＝（部門資産額）÷（部門資産額合計値）×（差額）にて計算する。この方法で，調整すると**表6-13**になり，網掛け部分のように科目合計と連結値が一致する。

■縦方向差異調整（対部門資産調整）

次に，部門ごとの資産勘定合計値と部門資産との整合性を取る（縦方向差異調整）。縦方向差異調整も横方向差異と同様に行う。簡便に，差額分を足し合わせるか，差額比をかけ合わせる方法にて行えばよい。例えば，差額（＝部門資産修正値－資産額）分を足し合わせるには，（修正勘定科目）＝（現勘定科

---

(11)　ほかには，**表6-12**部門別バランスシート（資産，主要科目）の各勘定科目をターゲットとし，科目合計に一致するような制約条件を課し，各勘定科目を最適化する方法もある。

表6-13　横方向差異調整後部門別バランスシート（資産，主要科目）

（単位：百万円）

	運輸事業	レジャー事業	不動産事業	流通事業	その他事業	部門合計	連結
現預金	9,582	5,762	5,755	2,211	8,283	31,593	31,593
売上債権	21,222	1,758	1,853	13,622	14,929	53,384	53,384
棚卸資産	7,414	275	9,516	2,089	2,379	21,673	21,673
建物・設備等	325,093	75,260	114,992	47,563	83,961	646,869	646,869
土地	320,329	74,157	113,307	46,866	82,731	637,390	637,389
投資その他の資産	54,128	9,592	5,697	22,023	4,637	96,077	96,077
合計	737,768	166,804	251,120	134,374	196,920	1,486,986	1,486,985
部門主要資産額	745,757	171,951	263,894	110,275	195,108		

（小数点以下の端数処理の関係上誤差あり）

目）＋（現勘定科目）÷（現勘定科目合計値）×（差額）とすればよく，差額比（＝部門資産修正値÷資産額）をかけ合わせるには，（修正勘定科目）＝（現勘定科目）÷（差額比）とすればよい。

　縦方向差異調整を行うとまた横方向差異が発生するが，そのときの差異は最初の横方向差異より小さくなっているはずである。このように横方向差異調整と縦方向差異調整を繰り返すと[12]，科目ごと合計値と連結値が一致し，かつ部門の資産額の合計値が部門資産の値と一致する状況が**表6-14**のように実現する。全勘定科目について，算出した結果が**表6-15**である。

　負債も同様に調整すると，縦方向と横方向の調整ができたバランスシートが出来上がり，部門別ポートフォリオマネジメントの第1段階が出来上がる。**表6-16**が運輸事業の損益計算書で，**表6-17**が運輸事業のバランスシートである。

　1つの事業法人とおおよそ同じ財務情報が得られることになり，収益性の情報はもとより，株主資本額が決まっているため，計算上バランスシートが必要なROIやROICといった資本収益性の情報も得られる。

---

(12)　多くの場合，1回か2回繰り返せば，収束する。

表6 - 14 横・縦方向差異調整後部門別バランスシート（資産，主要科目）

（単位：百万円）

	運輸事業	レジャー事業	不動産事業	流通事業	その他事業	部門合計	連結
現預金	9,640	5,926	6,030	1,807	8,190	31,593	31,593
売上債権	22,562	2,072	2,345	11,335	15,071	53,385	53,384
棚卸資産	7,408	264	9,964	1,701	2,335	21,672	21,673
建物・設備等	327,410	77,302	120,411	38,865	82,880	646,868	646,869
土地	322,612	76,169	118,647	38,295	81,666	637,389	637,389
投資その他の資産	56,125	10,217	6,497	18,272	4,967	96,078	96,077
合計	745,757	171,950	263,894	110,275	195,109	1,486,985	1,486,985
部門主要資産額	745,757	171,951	263,894	110,275	195,108		

（小数点以下の端数処理の関係上誤差あり）

表6 - 15 横・縦方向差異調整後部門別バランスシート（資産，全科目）

（単位：百万円）

	運輸事業	レジャー事業	不動産事業	流通事業	その他事業	部門合計	連結
流動資産計	58,614	13,357	24,957	16,457	28,000	141,385	141,385
現預金	9,640	5,926	6,030	1,807	8,190	31,593	31,593
有価証券	29	7	10	4	8	58	58
売上債権	22,562	2,072	2,345	11,335	15,071	53,384	53,384
棚卸資産	7,408	264	9,964	1,701	2,335	21,673	21,673
その他流動資産	18,975	5,088	6,608	1,609	2,398	34,677	34,677
固定資産計	773,677	179,322	269,442	105,311	186,954	1,514,705	1,514,705
有形固定資産	708,552	167,021	259,761	85,723	179,662	1,400,720	1,400,720
建物・設備等	327,410	77,302	120,411	38,865	82,880	646,869	646,869
土地	322,612	76,169	118,647	38,295	81,666	637,389	637,389
その他有形固定資産	58,530	13,550	20,703	8,563	15,116	116,462	116,462
無形固定資産	9,000	2,084	3,183	1,317	2,324	17,908	17,908
投資その他の資産	56,125	10,217	6,497	18,272	4,967	96,077	96,077
資産合計	832,291	192,679	294,398	121,768	214,954	1,656,090	1,656,090
部門資産	832,291	192,679	294,398	121,768	214,954	1,656,090	1,656,090

（小数点以下の端数処理の関係上誤差あり）

表6 - 16　**運輸事業 損益計算書**

（単位：百万円）

売上	211,801
売上総利益	60,511
営業利益	36,876
営業外収益	2,062
うち受取利息・配当金	834
営業外費用	4,193
うち支払利息・割引料	3,267
特別利益	0
特別損失	0
当期純利益	22,584
減価償却費	27,863
配当	3,983

表6 - 17　**運輸事業 バランスシート**

	資産額		負債・純資産額
流動資産計	58,614	流動負債計	175,929
現預金	9,640	買入債務	28,484
有価証券	29	短期借入金	66,784
売上債権	22,562	その他流動負債	80,661
棚卸資産	7,408	固定負債計	404,995
その他流動資産	18,975	社債	67,569
固定資産計	773,677	長期借入金	258,243
有形固定資産	708,552	その他固定負債	79,183
建物・設備等減価償却資産	327,410	純資産	251,366
土地	322,612	株主資本	216,739
その他有形固定資産	58,530	資本金	51,329
無形固定資産	9,000	剰余金	165,409
投資その他の資産	56,125	自己株式等	0
繰延税金資産ネット	0	評価・換算差額	30,444
繰延資産	0	新株予約権	0
資産合計	832,291	少数株主持分等	4,183
		負債・純資産合計	832,291

（小数点以下の端数処理の関係上誤差あり）

Ⅲ 収益性・資本収益性の比較

部門ごとの財務諸表が得られると，まず第1に行うことは，各部門が使用している資産・資本に対する収益性の比較であろう。特に，事業再編実務指針にて重要な指標と位置づけられる資本収益性は，バランスシートが得られてはじめて得られる指標である。

■部門の財務比較

図6－1が東武鉄道の場合の部門別営業利益率，ROE[13]，ROIC[14]である。運輸事業と不動産事業の収益性が高く，レジャー事業・流通事業・その他事業が低いことがわかる。

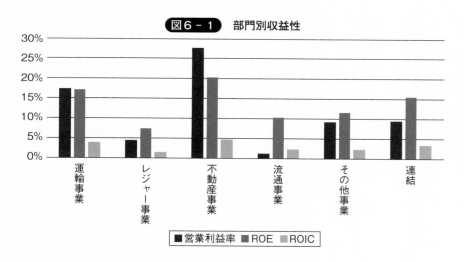

図6－1 部門別収益性

---

(13) ROE＝（営業利益）÷（株主資本）にて算出した。
(14) ROIC＝NOPAT÷（有利子負債＋自己資本）＝（営業利益×（1－実効税率（＝35％）））÷（短期借入＋長期借入＋社債＋株主資本）にて算出した。

　部門間で収益性を比較する際に重要になるのが，部門間の収益性の序列が直接部門の収益性の良し悪しにはならないということである。これは部門が行う事業の収益性自体が大きく異なり，比較する基準が異なってしまうためである。例えば，**図6−1**に見られるとおり不動産事業は他部門に比較し収益性が高いが，そもそも不動産業界全体の収益性が高い場合，その事業の収益は業界内では低位にある可能性がある。

　このことを検証するには，不動産事業の類似している企業の収益性と比較することが1つの方法である。例えば，**図6−2**は東武鉄道の不動産事業の営業

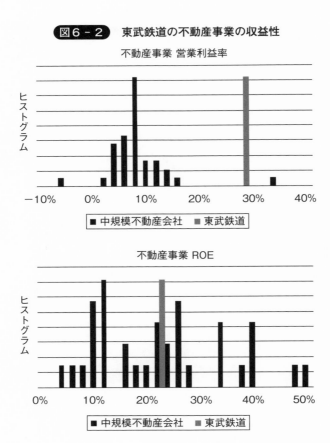

図6−2　東武鉄道の不動産事業の収益性

利益率とROEを，同一業種で売上規模が同程度の企業36社[15] の分布に入れて みたものである。これを見ると，営業利益率は他社に比べて高いことがわかる。 一方で，ROE（資本収益性）は平均的な水準である。営業利益率とROEの分 子は双方同じ営業利益のため，ROEの分母である株主資本が大きいことがわ かり，内部的に不動産事業に対する資本配賦の方法を考える1つの材料になる。

■株主資本コストの計算

本節では，収益性のうち資本収益性という視点でさらに掘り下げて分析して いきたい。前述の事業再編実務指針においても，資本収益性を用いた事業ポー トフォリオマネジメントが提唱されており，今後期待される企業経営の方向性 とも整合する。資本コストの計算方法を具体的に提示し，事業部ごとのROE， ROIC，ROIC-WACCといった資本収益性を比較する方法を提示しよう。

株主資本コストを推計する方法は様々に提案されている[16] が，本節では株 式市場の価格情報のみから求めることができるCAPM（Capital Asset Pricing Model，資本資産評価モデル）により，株主資本コストを求める方法を紹介す る。CAPMによる株主資本コストの計算式は，次式のとおりである。

$$K_s = r_f + \beta [E(r_s) - r_f] \cdots\cdots\cdots\cdots\cdots\cdots\cdots\cdots\cdots\cdots\cdots\cdots\text{数式2}$$

β：株式市場の対象株式のβ値

$E(r_s) - r_f$：株式市場のマーケットリスクプレミアム

---

(15)　総合不動産業の売上100億円から1,000億円の上場企業を選択した。
(16)　CAPMのほかにAPMによる方法がある。APMでは，株主資本コスト（K_s）は次のよ うに計算される。

$$K_s = r_f + [E(f_1) - r_f] \beta_1 + \cdots + [E(f_n) - r_f] \beta_n$$

$E(f_k) - r_f$：k番目のファクターのリスクプレミアム，β_k：k番目のファクターの感応度 　　ファクターには，インフレ率，企業規模や債務不履行リスクといった，経済全体の成長 性や個別企業のリスクといった項目が挙げられる（トム・コープランドほか，1993）。 APMのほうがCAPMより，精度が高いという指摘もある一方で，ファクターの同定やファ クター数の多さからくるモデルの複雑さは，本書の範囲を超えるため，Pratt and Grabowski （2014）などの専門書に譲るとする。

▶β 値の算出

β値の算出には大きく2つの方法がある。1つは対象企業に類似する企業のβ値を参照する方法であり、もう1つは株式市場の株価から直接求める方法である。

類似企業を参照する方法は、求めたい企業が非上場企業や低流動株式であるなど、自社の市場株価が正確に参照できない場合であって、かつ他社のβ値が利用可能な場合に用いる。ただし、この場合、各社のD/Eレシオ（負債・純資産比率）が異なるため、算出された各社のレバードベータ値（β^{lev}）を次式によりいったんアンレバードベータ値（β^{unlev}）に変換して計算する操作が必要である。

$$\beta_i^{unlev}=\frac{\beta_i^{lev}}{1+\dfrac{(1-t_i)D_i}{E_i}} \quad\cdots\cdots\cdots\cdots\cdots\cdots\cdots\cdots\cdots\cdots\cdots\cdots\text{数式3}$$

t_i：各社の法人税率

次に各社のアンレバードベータの平均値（β^{avg}）を取り、対象企業のD/Eレシオを用い対象企業のレバードベータ（β）に戻す。

$$\beta^{avg}=E\left[\beta_i^{unlev}\right]_i$$
$$\beta=\beta^{avg}\times\left[1+(1-t)D/E\right] \quad\cdots\cdots\cdots\cdots\cdots\cdots\cdots\text{数式4}$$

もう1つの方法として、直接株価が参照できる場合は、以下の方法により株主ベータを計測すればよい。すなわち、β値を株主資本ベータと負債ベータを合成することによって求める方法である。それぞれ算出方法を述べる。

▶株主資本ベータ

ここでは具体的に株主ベータを算出する方法を述べる。対象企業の株価収益率（R_t^i）を株式市場のインデックスの収益率（R_t^{index}）にて、次式のように回帰分析を実行すればβ値は得られる。

$$R_t^i = \beta_i R_t^{index} + a_i + \epsilon_i \cdots\cdots\cdots\cdots\cdots\cdots\cdots\cdots\cdots\cdots\cdots\cdots \textbf{数式5}$$

　ここで問題となるのが，時間の間隔（ t の取り方）である。β値は，収益率を計算する時間間隔，観察データの期間で大きく異なる値を示す。**図6－3**は，東武鉄道の過去10年間ほどの株価と周期の異なる３種類（日次，週次，月次）β値の推移である[17]。

図6－3　データ周期別β値

　日次のβ値（図中の細実線）は０から２まで揺れ動き，例えば１週間でβ値が0.5ほど変化する場合があるため，データとして用いるのには不向きである。

　月次のβ値（図中の○）は日次データより格段に安定はしておりその点では問題はないが，日次β値とは水準自体が大きく異なることがグラフ上でも確認

---

(17)　いずれも観察データ数を60として回帰計算を実行している。

できる。これは、月次ではデータの頻度が低すぎるため、β値が感応しておらず、市場データとして利用するには問題があるということを示している。

　週次のβ値（図中の×）は、変動も小さく、かつ日次のβ値の水準とほぼ同じであることから、データとしては適切と判断できる。さらに、この週次データを拡大してみたものが、図6-4である。

　この図を見ると、週次β値は実線で示されているが、依然としてやや不安定な動きに見える。そこで、週次β値に対し指数加重平均（図中細実線）[18] を取ると、週次β値に比較し安定しており、かつ水準は同程度になり採用データとして適切であることがわかる[19]。β値は、株価から計算されるが安定性と市場

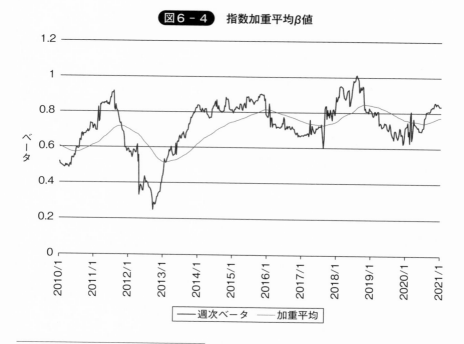

図6-4　指数加重平均β値

---

(18)　t時点の指数加重平均値をβ_t^{wavg}としたとき、$\beta_t^{wavg}=\beta_i^{calc}\,a+\beta_{t-1}^{wavg}(1-a)$、$a=1\div(52\times 2+1)$ とした。

(19)　β値の計算方法に関しては、議論がある。例えば、Pratt and Grabowski（2014）を参照のこと。

に対する感応度を常に観察しながら，採用すべき値を検討すべきものである。

このようにして計算されたβ値の直近の値を対象企業のβ値とする[20]。東武鉄道の場合は，指数加重平均値の直近値であるβ=0.77を採用する。

▶株主資本ベータの類似企業からの推定

部門の株主資本ベータ値は株価が市場に存在しないため，何らかの方法でβ値を推定する必要がある。簡便な方法としては，①部門が属する業種内の上場企業の平均β値を採用する方法か，②類似する上場企業の平均β値を採用することである。東武鉄道の例では，部門ごとに所属業種の平均β値を採用することにする[21]。

■負債ベータ値の算出

負債ベータとは，株式市場の変動に対する負債資本のリスクとして算出される。WACCを計算するときの負債コストとは異なる。負債ベータの計算方法は，株主資本ベータにて計算された方法と同様の方法で負債コストを用いて計算される。

$$R_d = a + \beta_{debt}\,(R_m - R_f(1-t)) + \epsilon \quad\text{·················数式6}$$

したがって，負債ベータ（β_{debt}）は債権リスクスプレッド（$Spread$）をマーケットリスクプレミアム（MRP）にて除した値となり**数式7**で計算される。

$$\beta_{debt} = \frac{Spread}{MRP} \quad\text{····················数式7}$$

東武鉄道の場合は，0.06%[22]となる。

---

(20)　情報ベンダーを見ると各社のβ値が表示される。しかし，この値を使う場合には注意が必要である。計算方法の確認，数値のチェックなどにより，使っても大丈夫であることをユーザー自身が確認することを推奨する。

(21)　ここでは①業種平均値を採用するが，できれば②類似企業平均を採用することを推奨する。

(22)　負債のスプレッドが0.41%であり，MRPを6.5%とすると，0.41%÷6.5%=0.06%である。

■アンレバードベータ・レバードベータ・負債ベータの関係

アンレバードベータとレバードベータの関係は，税金と負債ベータを考慮する場合，**数式8**になる[23]。

$$\beta_{lev} = \beta_{unlev} + \left(\frac{D}{E}\right)(1-t)(\beta_{unlev} - \beta_{debt}) \quad \cdots\cdots\cdots\text{数式8}$$

ここで，Dは負債額，Eは自己資本額，tは実効税率を表す。逆に，β_{unlev}について解くと，**数式9**になる。

$$\beta_{unlev} = \frac{\beta_{lev}}{1 + D/E(1-t)} + \beta_{debt}\left\{1 - \frac{1}{1 + D/E(1-t)}\right\} \quad \cdots\cdots\text{数式9}$$

▶部門別株主資本コストの計算例

部門別株主資本コストを求めていこう。直接β値を計算できないため，各部門が属する業種の平均β値を用いればよいであろう[24]。東武鉄道の場合は，各部門のβ値は**表6-18**になる。

表6-18 部門別β・株主資本コスト

部門	業種 β	業種 D/E	業種 税率	業種 β_{unlev}	部門 D/E	部門 β_{relev}	部門 株主資本 コスト
運輸事業	0.557	80.46%	29.09%	0.355	1.803	0.705	4.58%
レジャー事業	0.570	7.34%	30.83%	0.542	2.325	1.198	7.79%
不動産事業	1.332	121.35%	30.64%	0.723	1.893	1.548	10.06%
流通事業	1.097	69.81%	32.06%	0.744	1.850	1.421	9.24%
その他事業	0.872	30.32%	29.80%	0.719	2.194	1.597	10.38%

ここで業種アンレバードベータは，**数式9**にて負債ベータを0にて計算し，部門リレバードベータは**数式8**にて計算し，株主資本コストを求めるには**数式**

---

(23) FERNANDEZ Formula（Pratt and Grabowski，2014）.
(24) あるいは部門の類似企業のβ値の平均を採用してもよい。

6を用いた[25]。

▶部門間の株主資本コスト比較

　ここで部門間の株主資本コストを比較してみよう。運輸部門の株主資本コストは，4.58％と全部門の中では一番低い。これは，鉄道業は非常に安定している事業であり，競合の参入が難しいといった，事業の特性を反映した数字といえる。一方で，不動産部門は，株主資本コストはおよそ10％と高く，非常に競争の激しい市場であることを示しており，高い収益性が求められる。

　このように，単にどの部門の収益性が高い・低いといった議論は，要求リターンとしての株主資本コストが大きく異なるため，有意義ではない。そのため，部門の収益性を比較するには，企業外に視線を向け他社との比較をするか，後述するROIC-WACCのようにハードルレートを差し引いて比較を行うべきである。

▶WACCの計算方法

　株主資本コストが計算できたので，次に企業全体の資本コストとしての加重平均資本コスト，いわゆるWACC（Weighted Average Cost of Capital）を求める。負債コストをR_d，株主資本コストをR_eとしたとき，加重平均にてWACCを求めると，**数式10**になる。

$$WACC = R_d \frac{D}{D+E}(1-t) + R_e \frac{E}{D+E} \quad \cdots\cdots \text{数式10}$$

　すでにバランスシートを部門別に求めているので，負債コストがわかればWACCを求めることは容易である。負債コストは，支払利息を有利子負債で割れば算出できる。先の例で計算すると，WACCは**表6-19**になる。

---

[25]　この際，マーケットリスクプレミアムは6.5％，リスクフリー金利は0％とした。

表6－19　部門別WACC

部　門	負債コスト	株主資本コスト	D/E	WACC
運輸事業	0.37%	4.58%	1.803	1.87%
レジャー事業	0.60%	7.79%	2.325	2.76%
不動産事業	0.43%	10.06%	1.893	3.76%
流通事業	0.90%	9.24%	1.85	3.83%
その他事業	0.68%	10.38%	2.194	3.72%

▶ROICの算出

「投下資本に対しどれだけ効率的に利益（営業利益）を挙げているか」という指標であるROICは，ROE・ROAの収益性指標の弱み[26]を解消し，現在では広く使われている。一般的な定義は，**数式11**となる。

$$ROIC = \frac{NOPAT}{Invested\ Capital}$$ ⋯⋯⋯⋯⋯⋯⋯⋯⋯⋯⋯⋯⋯⋯**数式11**

NOPATは税引後営業利益[27]であり，Invested Capitalは投下資本である。投下資本は，有利子負債と純資産の合計値とする。この投下資本を部門別に計算する場合は，事業に使用する資産と負債を用いる方法もある。しかし，本書ではすでに部門別にバランスシートを保有しているため，部門別に計算する場合でも，連結財務諸表を用いる場合と同様の方法が採用可能である。

表6－20　部門ごとの資本収益性

	資本コスト	WACC	ROA	ROE	ROIC
運輸事業	4.58%	1.87%	4.43%	14.92%	5.78%
レジャー事業	7.79%	2.76%	1.58%	6.31%	2.11%
不動産事業	10.06%	3.76%	4.81%	17.62%	6.67%
流通事業	9.24%	3.83%	2.71%	9.08%	3.46%
その他事業	10.38%	3.72%	2.45%	9.86%	3.44%

---

(26)　ROEは財務レバレッジを上げれば上昇，ROAは買掛金の猶予で上昇するなど，本質的な収益性の向上がなくても，見かけだけ良くすることが可能である。
(27)　Net Operating Profit After Tax，営業利益から法人税を控除して求める。

■部門間の収益性の比較

前項までに資本収益性指標であるROICの算出を部門ごとに行った。そもそも部門ごとの財務諸表を作成した理由は，部門ごとにこのような資本収益性を算出するためである。ROIC自体は**表6-20**で見たように，2倍ほどの違いが容易に出てしまう。

ここでは，部門の収益性が高い・低いと判断する方法を2通り紹介する。1つは業種内での他の企業のROICと比較する方法であり，もう1つはROICとWACCとの差であるROIC-WACCスプレッドを見る方法である。

▶業種内ROICによる収益性の比較

部門のROICを部門が属する業種内の企業のROICと比較すると，収益性の高低が判断できる。**図6-5**は，業種内ROICの分布（図中の棒グラフ）と当該部門のROIC（図中の実線）を示したものである。図から判断しても，運輸事業と不動産事業は，ROICが高いことがわかる。

ただし，比較対象となる企業自体が，複数の部門を持つ企業である場合もあるため，比較対象の業種が完全に一致するわけではないことに注意する必要がある。

▶ROIC-WACCスプレッドによる収益性の比較

次に，収益のハードルレートであるWACCを用いてROIC-WACCスプレッド[28]を収益性判断指標とする場合を考える。部門の投下資本の要求コストである部門のWACCからどの程度収益を挙げているかという指標になるため，部門間の比較が比較的平等となる。すなわち，ROIC-WACCスプレッド=ROIC-WACCである。企業がその活動によって得た付加価値をみる指標としてEVAがあるが，EVAはこのROIC-WACCスプレッドに投下資本をかけ合わせた「額」を計測する指標である[29]。

---

(28)　単にROICスプレッドと呼ぶ場合もある。

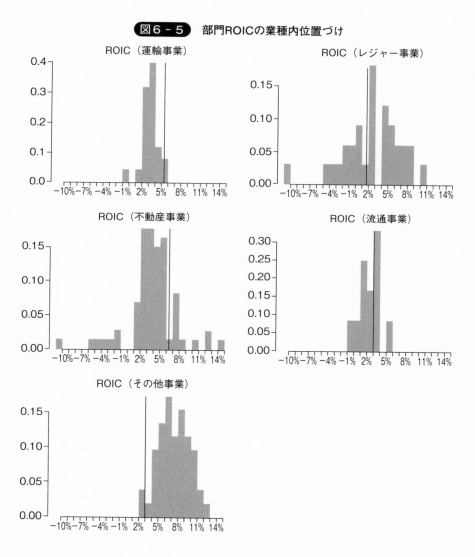

図6-5　部門ROICの業種内位置づけ

(29)　EVA（Economic Value Added）は，経済的付加価値でありG. Bennett Stewart III,
Joel Sternにより考案された指標である。スターン・スチュワート社が登録商標を持つ。
EVA＝NOPAT−投下資本×WACC＝（ROIC-WACC）×投下資本。

表6－21 部門別ROIC-WACCスプレッド

部　門	ROIC	WACC	ROIC-WACC スプレッド
運輸事業	5.78%	1.87%	3.91%
レジャー事業	2.11%	2.76%	−0.65%
不動産事業	6.67%	3.76%	2.92%
流通事業	3.46%	3.83%	−0.37%
その他事業	3.44%	3.72%	−0.28%

（小数点以下の端数処理の関係上誤差あり）

　ここで東武鉄道の部門別ROIC-WACCスプレッドを計算すると，表6－21になる。ここでは，ROIC単体で見た場合に収益性が一番高かった部門は不動産事業だったが，ROIC-WACCスプレッドにしてみると運輸事業が一番になり，部門間の収益性の見え方が変わることがわかる。

　運輸事業と不動産事業以外の部門のROIC-WACCスプレッドはマイナス値となっている。マイナス幅が1％未満ではあるが，収益性は低い状況であるのでこのまま推移するようであれば，手当てが必要であろう。

 IV　企業価値の算出 – 事業の将来予測を可能にする

　ここまで財務諸表の作成，資本コストとROICの算出を行ってきた。ROIC-WACCスプレッドは部門の収益性の判断材料となるが，例えば事業部門買収などのために部門の価値を求めたい場合などは，事業価値の実額を算出する必要がある。

　本節では，部門の事業価値を算出する方法を紹介する。すでに部門の財務諸表があるため，企業全体の企業価値と類似の方法で算出することが可能である。一般に企業価値といっても，様々な定義や算出手法が存在する。上場企業であれば，株式時価総額にネット有利子負債(30)を加えた額や，マルティプル法の

(30)　有利子負債から，現預金や短期性有価証券を控除した金額。

ように類似の企業の株主価値を各種マルティプル[31]を基に計算した評価値がある。時価総額を使う手法は，参照する株式が存在しないため，部門の事業価値を推定する方法としては利用できない。マルティプル法は，財務諸表がすでに存在するため部門にもそのまま適用可能である。企業価値をマルティプル法により求める手法は広く示されているが[32]，ここでは資本コストを意識した企業価値を比較したいため，もう一方のDCF（Discount Cash Flow，割引キャッシュフロー）法を用いて事業価値を算出する。

　DCF法は，将来の予想キャッシュフローをWACCにて割り引いて企業の現在価値として企業価値を求める。DCF法は，将来のキャッシュフローシナリオを合理的に導くことができる場合，有効な手段となる。この将来の予想キャッシュフローの設定方法が重要となるが，ここでは上場企業の将来予想データを活用して部門の企業価値を算出してみる。

■業種別売上・営業利益の将来予想

　部門ごとの売上と利益の将来予想は，企業によっては自社で作成している場合がある。もし，自社でこの数値が得られる場合は，それを使うことが社内での通りもよいので一番早い。ただし，自社で設定した売上・利益の数字に裏づけを与えたい場合や，数値自体を持っていない場合は，次のような方法がある。

　いま各部門は，業務内容が一番近いそれぞれの業種を選択しているとする。業種内の企業の売上・利益の予想値は公表値等から得られる[33]ため，その予想値の平均をもって各部門の予想売上・利益として利用すればある程度客観的な予想値が得られる[34]。図6－6，図6－7は，鉄道業種内各社の将来1期先，2期先の売上の伸び率である[35]。図中には平均値が示されているが，この値を

---

(31)　各種利益やEBITDA，自己資本などの指標。
(32)　例えば，コープランドほか（1993）や，鈴木（2004）を参照のこと。
(33)　ここでは東洋経済新報社発行の会社四季報による，1期・2期先の売上・利益の予想値を用いている。
(34)　企業が多数あるため売上・利益ともに分布を持つ。そのため，例えば下位の売上をストレス売上とするというようなストレスがかかったシナリオを作成することもできる。
(35)　作成時点では2020年度と2021年度の売上・営業利益の値であり，新型コロナウイルス

172

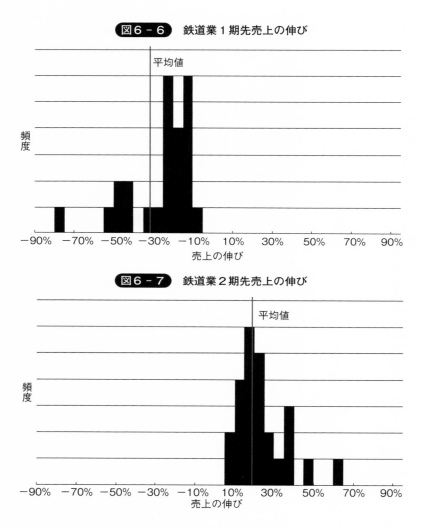

図6－6 鉄道業1期先売上の伸び

平均値

頻度

−90% −70% −50% −30% −10% 10% 30% 50% 70% 90%
売上の伸び

図6－7 鉄道業2期先売上の伸び

平均値

頻度

−90% −70% −50% −30% −10% 10% 30% 50% 70% 90%
売上の伸び

用いれば業種内での平均的な伸びを使うことができるし，上方（下方）分位点を用いれば上振れ（下振れ）した場合の売上の伸びが設定できる。

　営業利益は，営業利益率が業種の平均値になるように設定した。例えば，1

の影響で売上・利益の急激な減少と反発を予想している。

期先の業種内営業利益率の平均値がrであったとき，1期先の売上をSL_1とすると1期先の営業利益（OP_1）は次のように設定できる。

$$OP_1 = r \times SL_1 \quad\cdots\cdots\cdots\cdots\cdots\cdots\cdots\cdots\cdots\cdots\cdots\cdots\cdots\cdots\cdots\cdots\cdots\cdots\cdots\cdots\text{数式12}$$

同様にして，各部門の1期先，2期先の売上・営業利益を設定した。3期先は現在の売上・営業利益の水準まで回復すると想定して売上の伸び率・営業利益率を設定した。出来上がった3期分の設定は**表6-22**になる。1期先の売上・営業利益ともに不動産事業を除いて大幅に落ち込み，2期目で回復していることが確認できる[36]。

表6-22　部門別売上の伸び率と営業利益率の伸び率

部門	売上の伸び			営業利益率の伸び		
	1期先	2期先	3期先	1期先	2期先	3期先
運輸事業	−31.2%	18.9%	12.3%	−9.1%	4.9%	17.4%
レジャー事業	−30.8%	22.8%	8.0%	−4.9%	5.2%	4.8%
不動産事業	4.2%	6.1%	−10.3%	6.6%	7.8%	27.8%
流通事業	−27.8%	16.0%	11.8%	−1.5%	2.2%	1.3%
その他事業	−3.2%	2.6%	0.6%	4.9%	5.3%	9.2%
連結	−31.2%	18.9%	12.3%	−9.1%	4.9%	9.6%

■DCF法によるDCF事業価値とDCF株主価値

DCF法は，事業が生み出す期待キャッシュフロー全体を全社のコスト率で割り引いて，企業価値（部門別では部門価値）を算出する方法である。ここにいう期待キャッシュフローはフリーキャッシュフロー（FCF）を指し，税金を支払い，事業に必要な投資を行った後に，債権者と株主に分配可能なキャッシュフローのことを指す。

---

(36)　業績予想が設定できたら，この数値を基に将来財務諸表を作成する。ここでは，クレジット・プライシング・コーポレーション社のEV-Seriesソフトウェアに入力し，将来財務諸表を作成した。

$$FCF = \binom{\text{営業}}{\text{利益}} \times (1 - \text{法人税率}) + \binom{\text{減 価}}{\text{償却費}} - \binom{\text{運転資本}}{\text{増 加 額}} - \binom{\text{設 備}}{\text{投資額}}$$

....**数式13**

　このFCFを前述のWACCにて割り引き，企業価値として算出した値をここではDCF事業価値（V^{DCF}）と呼ぶ。

$$V^{DCF} = \sum_{yr=1}^{N} FCF_{yr} DF_{yr} + \frac{FCF_N}{WACC - g} DF_N$$
$$DF_{yr} = exp(-WACC \cdot yr)$$

....**数式14**

　ここでgは，FCFの永久成長率とする。**数式14**では，シグマの項が第Ｎ期までのフリーキャッシュフローの現在価値に相当し，最終項がN+1期以降に得られるキャッシュフローの現在価値である継続価値を表す。実務的にはNは５年から10年になるが，その場合継続価値がDCF事業価値に占める割合は60％から85％になり，継続価値が事業価値のほぼすべてを占めることとなる。したがって，企業価値の計算において継続価値の計算が重要になる。特に，継続フリーキャッシュフロー（FCF_N）と永久成長率（g）は慎重に定める必要がある。先の運輸部門の例では，フリーキャッシュフローは**表6-23**のようになる。

表6-23　運輸部門のDCF価値の計算

（FCF単位：百万円）

	1期目	2期目	3期目	4期目	5期目	継続時	継続価値	DCF事業価値
WACC	1.91%	1.86%	1.88%	1.88%	1.90%			
DF	0.9813	0.9634	0.9456	0.9281	0.9108		0.9108	
FCF	−6,179	4,241	22,680	22,257	22,378	24,267	1,213,336	
FCFxDF	−6,064	4,086	21,445	20,657	20,382		1,105,111	1,165,617

（小数点以下の端数処理の関係上誤差あり）

　継続価値（1,105,111）は，**数式14**に対し，継続フリーキャッシュフロー

（24,267），永久成長率に 0 ％と 5 期目の割引率（0.9108）を適用して得られる。各期のFCFと継続価値を合計するとDCF事業価値（1,165,617）が得られる。

　DCF事業価値は将来キャッシュフローの現在価値の和であるが，DCF事業価値に現在の余剰現預金を加え，有利子負債額を差し引き，優先株式と少数株主持分の価値を差し引くと現在の株主価値（部門価値）が得られる。これをDCF株主価値[37]と呼ぶ。

表 6 - 24　DCF株主価値の計算

（単位：百万円）

DCF事業価値	1,165,617
余剰現預金	0
有利子負債	392,596
優先株式時価	0
少数株主持分価値	12,865
DCF株主価値	760,156

（小数点以下の端数処理の関係上誤差あり）

　部門ごとに同様の手続でDCF法を適用すると，各部門のDCF株主価値は**表6 - 25**のようになる。

表 6 - 25　東武鉄道の部門別DCF株主価値

（単位：百万円）

	DCF事業価値	DCF株主価値
運輸事業	1,165,617	760,156
レジャー事業	62,377	−32,419
不動産事業	245,016	111,998
流通事業	50,644	−8,217
その他事業	95,345	−4,112
部門合計	1,618,998	827,406
連結	1,967,620	1,170,485

（小数点以下の端数処理の関係上誤差あり）

---

[37]　企業の場合は「DCF法株価」あるいは「DCF株価」と呼ばれる。ここでは，株価ではないため，DCF株主価値と呼ぶ。

　DCF法による部門別DCF株主価値の合計が求められた。168頁で検討した部門間ROICと同様に運輸事業と不動産事業の２部門でDCF株主価値が高い。

■コングロマリットプレミアム・ディスカウントの実例

▶部門合計 vs 連結体

　部門別のDCF価値が求められたが，これと実際に比較を行う対象は２つある。１つ目は連結企業の連結DCF価値であり，２つ目は株式市場の時価総額である。

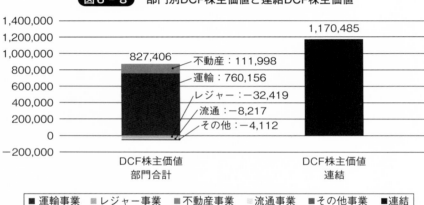

図6-8 部門別DCF株主価値と連結DCF株主価値

　まず，部門合計と連結の差異から考察してみる（**図6-8**参照）。ここでポイントになる点は，（部門DCF株主価値合計）＜（連結DCF株主価値）となっていることである。設定した将来の売上・営業利益は部門合計と連結ではおおよそ一致する（特に，継続価値に影響を及ぼす３期先の売上・営業利益は一致している）ため，FCFの影響ではない。

　連結が部門合計の価値を上回る別の理由は，連結のDCF株主価値を計算する場合，連結企業体が鉄道部門に属しているため鉄道業種の資本コストを適用するからである。前述したとおり部門の資本コストのうち，一番低いのは鉄道

業種の資本コストであり，不動産部門や小売部門より大幅に低い。そのために，DCF株主価値は連結のほうが部門合計より大きくなる。このように，連結企業体の資本コストより部門の資本コストが大きい場合は，連結のDCF株主価値が，部門のDCF株主価値の合計を上回る傾向になる。

部門別に事業価値を計測する際のポイントはここにある。すなわち，企業価値を計測するとき，前述の鉄道会社のように各部門の事業内容が大きく異なる場合，それぞれの事業の総和として企業価値を見る必要がある。

▶部門合計 vs 時価総額

図6-9は，部門ごとのDCF株主価値の合計（図中「DCF株主価値部門合計」），連結企業体のDCF株主価値（図中「DCF株主価値連結」）と，時価総額[38]の比較図である。部門合計のDCF株主価値のほうが連結のDCF株主価値よりも，市場価値である時価総額に近い。これは，投資家の目線が，連結企業体としての企業価値にあるのではなく，部門合計としての企業価値にある可能性を示唆する。1社ではこの傾向はわからないので，次項で複数社見てみよう。

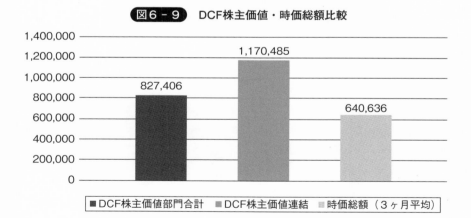

図6-9 DCF株主価値・時価総額比較

▶コングロマリットプレミアム・ディスカウント

　事業価値の総和が時価総額より大きくなる場合は，事業全体としてディスカウントの状態であると解釈し「コングロマリット・ディスカウント」と呼ぶ。逆に，事業価値の総和が時価総額より小さくなる場合は，「コングロマリット・プレミアム」と呼ぶ。

　ここでは首都圏大手私鉄5社について，前述同様の分析を行った。各社ともに，鉄道事業を主事業とし，ターミナルや沿線の不動産事業，百貨店などの小売事業を抱えるなど類似した事業形態である。**図6－10**が事業価値の比較であるが，これを見ると3点指摘できる。1つ目は，いずれの企業も（DCF株主価値部門合計）＜（DCF株主価値連結）となっている。理由は前述したとおりで，将来のフリーキャッシュフローが一致している中で部門合計と連結でDCF株主価値に差が出るのは，適用している資本コスト（そしてWACC）に違いがあるためである。もう1つは，コングロマリット・ディスカウントが発生している会社は東武鉄道と西武ホールディングスであり，残りはコングロマリット・プレミアムが発生していることである。

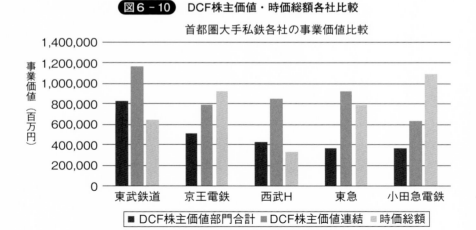

図6－10　DCF株主価値・時価総額各社比較

首都圏大手私鉄各社の事業価値比較

　もう1点指摘できることは，算出した事業価値と時価総額との隔たりが大きい会社があるが，これは市場の読みと想定する事業計画にズレが生じている可能性を示しており，たとえコングロマリット・プレミアムの状態であったとしても，望ましいものではない。この隔たりを作っている原因としては，いくつか考えられる。

(1)　1つ目は業績の想定シナリオが消極的すぎることである。想定シナリオは直接的に収益に影響を及ぼすため，その違いにより事業価値は大きく変化する。市場との会話に用いるには適切なパラメータである。

(2)　(1)にも絡むが，永久成長率（**数式14**のg）の設定も継続価値に大きく影響を与える。現在の日本市場の場合，成長業種というものは多くはないが，永久に成長し続けることができる企業であれば大きく事業価値を上げることができる。

(3)　土地などの不動産の場合が多いが，含み益が存在しており，バランスシートに現れていない資産があるケースは，前述の評価方法では事業価値に反映されない。したがって，含み益がある場合は，それを直接事業価値に加えれば，時価総額との差は縮めることができる。

(4)　前述の(1)～(3)は，事業価値の入力側の問題であるが，一方の株式市場側の要因である可能性もある。すなわち，株価が何らかの理由で高騰している局面においては，事業価値と時価総額の差が大きくなる場合がある。

　このような要因を考えつつ，投資家との十分なコミュニケーションを通じ，適切なプレミアムの状態を保つことが肝要である。

■まとめ

　本章では，コーポレートファイナンスの基本ともなる事業部別マネジメントに向け，企業の事業部門別財務諸表の作成，資本コストの算出，事業価値の算出までを実践した。一般の事業法人では，データの収集，ロジックの構築など自社単体で実行するには相当の苦労が必要であるが，一通りの実現可能な方法は示せたであろう。

　ただし，本章では，収益性の計測方法は示したつもりであるが，その状態からの改善に向けた具体的な対応方法までは踏みこめていない。投資による収益改善や収益機会の創設，事業売買などを通じた企業価値の向上など，実務家はこれらの具体的な方法論も望んでいるところであろう。本書は収益性の計測という点に焦点を絞ってきたが，有効的なコーポレートアクションを示すことは今後の課題である。

あ と が き

　世界の主要国63ヶ国中で日本の競争力は34位であると報告されている（IMD「世界競争力年鑑」2020年版）。1980年代後半には１位であったことを考えると，「日本の凋落」という言葉が少しも大げさには聞こえない。その原因はさておき，これからは進歩著しい世界の企業と伍していく方策を，大規模かつ急速に日本は取る必要がある。コーポレートガバナンス・コードの意見書の中でも，『「攻めのガバナンス」（中略）の実現に向け，企業がガバナンス改革を進めることが急務となっている。』（「スチュワードシップ・コード及びコーポレートガバナンス・コードのフォローアップ会議」意見書（５））と，ガバナンスはもはや攻め側に使うべきものという，日本の切迫した状況を反映した言葉が用いられている。もはや一刻の猶予も許さない状況に日本の企業は追い込まれている。

　本書では，事業ポートフォリオマネジメントのフィロソフィーから実務に落とし込む際の方法まで事細かに述べてきた。事業ポートフォリオマネジメントが競争力向上策のすべてではないが，幅広い事業を展開することが事業リスク回避の良策とされる日本企業とっては，大きく欠けていることであることは確かである。競争力のある事業とない事業を峻別し，企業の高収益化に向けた前向きかつ活発な事業再編の波が，スピード感をもって日本で起きてくることを切に願う。本書がその一助になれば幸いである。

　最後に，長年企業の財務コンサルティングに尽力し，その深いコーポレートファイナンスに対する造詣により本書の第三の筆者としてご協力いただいた法月洋氏に感謝を表したい。

　2021年12月

神崎清志・松田千恵子

【参考文献】

一般社団法人 生命保険協会（2021）「生命保険会社の資産運用を通じた「株式市場の活性化」と「持続可能な社会の実現」に向けた取組について」

北川哲雄，佐藤淑子，松田千恵子，加藤晃（2019）『サステナブル経営と資本市場』日本経済新聞出版社

経済産業省（2019）「グループ・ガバナンス・システムに関する実務指針（グループガイドライン）」，https://www.meti.go.jp/press/2019/06/20190628003/20190628003.html

経済産業省 事業再編研究会（2020）「事業再編実務指針～事業ポートフォリオと組織の変革に向けて～（事業再編ガイドライン）」

KPMG FAS，あずさ監査法人編（2017）『ROIC経営　稼ぐ力の創造と戦略的対話』日本経済新聞出版社

J. L. グランド著，兼弘崇明訳（1998）『EVA（経済付加価値）の基礎　マーケットの新しい投資尺度』東洋経済新報社

正司素子（2012）『IFRSと日本的経営　何が，本当の課題なのか!?』清文社

鈴木一功編著（2004）『企業価値評価　実践編』ダイヤモンド社

東京証券取引所（2020）「東証上場会社における独立社外取締役の選任状況及び指名委員会・報酬委員会の設置状況」https://www.jpx.co.jp/listing/others/ind-executive/index.html（閲覧日2021.5.19）

トム・コープランド／ティム・コラー／ジャック・ミュリン著，伊藤邦雄訳（1993）『企業評価と戦略経営　キャッシュフロー経営への転換』日本経済新聞社

西山賢吾（2020a）「純減が続く親子上場数」野村サステナビリティクォータリー 2020 Summer，2頁

西山賢吾（2020b）「我が国上場企業の株式持ち合い状況 2019年度」野村サステナビリティクォータリー 2020 Autumn，2頁

日本証券アナリスト協会編（2020）『企業価値向上のための資本コスト経営　投資家との建設的対話のケーススタディ』日本経済新聞出版

藤野大輝，赤坂誠司（2020）「役員のインセンティブ報酬拡大と開示動向～改正開示府令への対応状況～」（大和総研レポート）

松田千恵子（2019）『グループ経営入門　グローバルな成長のための本社の仕事（第

4 版)』税務経理協会

Brealey, R. A., and S. C. Myers (1991) "Principles of Corporate Finance, 4th Edition", McGraw-Hill, Inc.

Pratt, S. P., and R. J. Grabowski (2014) "Cost of Capital: Applications and Examples, 5th Edition" Wiley Finance

【著者紹介】

松田　千恵子（まつだ・ちえこ）［担当：第1章〜第5章］
東京都立大学大学院経営学研究科／東京都立大学経済経営学部教授
東京外国語大学外国語学部卒，仏国立ポンゼ・ショセ国際経営大学院経営学修士，筑波大学大学院企業科学研究科博士後期課程修了，経営学（博士）。
株式会社日本長期信用銀行にて国際審査，海外営業等を担当後，ムーディーズジャパン株式会社格付アナリストを経て，経営戦略コンサルティング会社である株式会社コーポレイトディレクション，ブーズ・アレン・ハミルトン株式会社でパートナーを務め，現在に至る。
全社戦略（事業ポートフォリオマネジメント），財務戦略と企業統治に関する研究，教育，実務に携わる。日本CFO協会主任研究委員。事業会社や公的機関等にて社外取締役，経営委員等を務める。
著書に『格付けはなぜ下がるのか』（日経BP社），『グループ経営入門（第4版）』（税務経理協会），『これならわかるコーポレートガバナンスの教科書』（日経BP社），『ESG経営を強くするコーポレートガバナンスの実践』（日経BP社），『サステナブル経営と資本市場』（日本経済新聞出版社），『経営改革の教室』（中央経済社），『サステナブル経営とコーポレートガバナンスの進化』（日経BP社）等がある。

神崎　清志（かんざき・きよし）［担当：第6章］
株式会社クレジット・プライシング・コーポレーション プリンシパルコンサルタント
東京大学工学部卒。東京大学大学院 工学修士。
首都大学東京（現 東京都立大学）経営学博士。
株式会社日本長期信用銀行にて，デリバティブ商品開発に従事。
野村證券，アセットマネジメント会社などを経て2009年より現職。
金融商品バリュエーション，金融モデリング，リスク管理モデル開発など，一貫してクォンツ系業務に従事する。
著書に『金融リスクモデリング』（共著，朝倉書店）がある。

事業ポートフォリオマネジメント入門

資本コスト経営の理論と実践

2022年3月1日	第1版第1刷発行
2024年7月10日	第1版第7刷発行

著　者　松　田　千　恵　子
　　　　神　崎　清　志
発行者　山　本　　　継
発行所　㈱中　央　経　済　社
発売元　㈱中央経済グループ
　　　　パ ブ リ ッ シ ン グ

〒101-0051　東京都千代田区神田神保町1－35
電話　03 (3293) 3371 (編集代表)
　　　03 (3293) 3381 (営業代表)
https://www.chuokeizai.co.jp
印刷／東光整版印刷㈱
製本／侑井上製本所

© 2022
Printed in Japan

＊頁の「欠落」や「順序違い」などがありましたらお取り替えいた
しますので発売元までご送付ください。（送料小社負担）
ISBN978-4-502-40781-9　C3034